KUBA

(k)ein Reiseführer

-Situationsberichte-

oder

zwei Deutsche (be)suchen

den Sozialismus

Impressum

1. Auflage: Mai 2015
© Telescope Verlag
www.telescope-verlag.de

Fotos Umschlag/Innen: Andreas Jahn

ISBN: 978-3-95915-001-9
Preis: 12,00 Euro

Ich danke Annette, Joachim, Ute, Maria und Genia.
Ohne euch wäre das Buch nur Schnullipups geworden.
Klar, ist es das auch jetzt noch, nur besser.

Vorwort

Zwanzig Jahre Kapitalismus, zwanzig Jahre Kommunismus. Genau der richtige Zeitpunkt, um wertefrei auf die in Deutschland abgeschaffte Gesellschaftsordnung zu blicken und sie auf mich wirken zu lassen. Zwar war die DDR nie ein kommunistischer Staat sondern, ein sozialistischer, aber Kommunist klingt irgendwie gruseliger. Doch mir liegt es fern mit diesem Buch die tausendste Kapitalismusdebatte anzufeuern, denn das kann der Kapitalismus selbst viel besser. Ich möchte in Kuba erlebte Situationen beschreiben um Lust auf Abenteuer zu machen ohne danach zu suchen. Naja, Abenteuerchen.

Mein ganzes Leben lang hab ich mich gefragt, wie das System in dem ich aufgewachsen bin wohl auf außenstehende wirkt. Die Parolen an den Wänden, die Plakate in den Fabriken, all die leeren Phrasen. Wir waren nicht in der Lage und auch nicht willens diese mit Leben zu erfüllen und wer ehrlichen Herzens versucht hat dies zu tun wurde für seine Engagement ausgelacht. Doch nun verspotten wir wieder diejenigen, die sich mit aller Kraft gegen den Wind stellen, die hohlen Worte ignorieren. Lebensmittel retten? Reparieren? Tauschen? Kleiderkreisel? Konsumiere! Wirf weg und kauf neu! Selber anbauen? Wie dumm bist du denn? Ist doch alles billig.

Wie damals hinterfragen wir nicht, lassen uns im Strudel treiben, greifen nicht ein.

Wir werden bombardiert mit den gleichen Floskeln wie damals, nur aus dem Fünfjahresplan ist die Agenda geworden. Wachstum hieß damals Planübererfüllung. Wie haben wir gelacht. Nennt man Bonzen eigentlich noch Bonzen?

Den Zeitpunkt der Reise hatte ich günstig gewählt, denn in dieser Periode war ich ein transplantierter Dialysepatient.

Mit der maschinellen Blutreinigung habe ich seit sechsundzwanzig Jahren zu tun. Eine Spenderniere wurde mir im September 2001 transplantiert.

Die vielen Medikamente, die ich täglich einnehmen musste, damit eine Abstoßung des Organs verhindert wird, vertrugen die Hitze einwandfrei und ich konnte sie bedenkenlos nach Lateinamerika ausführen. Obwohl ich plante allein auf die Insel zu fliegen, stellte sich als Glücksfall heraus, dass ich David, einen Freund, einige Wochen vorher fragte, ob er mich begleiten wolle. Das war deshalb gut, weil wir auf Kuba unglaublich viele skurrile Situationen erlebten und es sehr lustig war, mit einem Gleichgesinnten, bizarre Zufälligkeiten zu teilen und zu kommentieren. Mir war natürlich klar, dass ich das Land nur mit den Augen des Reisenden sehen konnte. Die Situationen, als ein auf Kuba Lebender zu beschreiben, würde sicher all das Geschilderte in einem anderen Licht erscheinen lassen.

Inhalt

Erst kommt das Fressen und dann die Moral

Meine Reisesachen zu packen, fiel mir nicht schwer. Visa, Reisepass und das Flugticket, die Sonnenmilch, eine lange und eine kurze Hose, zwei T-Shirts, zweimal Unterwäsche, und zwei Paar Socken. Natürlich etwas Geld. All die Dinge die ich mitnehmen wollte passten hinein und ich hatte sogar noch etwas Platz in meinem immer wieder reparierten und zusammengeschusterten braunen Lederrucksack.

Im Reiseführer und in den einschlägigen Internetforen empfiehlt man, Seife und Kugelschreiber für die Erwachsenen und Süßigkeiten für die Kinder mitzunehmen. Einhundert Kugelschreiber und Seife, um kleine Gefälligkeiten zu belohnen. Zwölf Stückchen Seife sollten genügen. Fast hätte ich die Haferflocken vergessen. Vier Kilo - Notration. Jetzt noch Toilettenpapier. Angeblich soll das Mangelware sein, und ich hasse es mir mit Zeitung den Hintern abwischen zu müssen, oder gar mit Blättern von irgendwelchen Pflanzen. Jetzt noch meinen Sonnenhut. Diesen habe ich mir vor einigen Jahren in Havanna auf einem Markt aufschwatzen lassen, als ich mit meiner Frau auf Varadero Urlaub machte. Doch, so im Nachgang gesehen, war dies das Beste was mir konsumtechnisch in jenem Urlaub passierte. Dieser Strohhut wurde für die Ewigkeit gefertigt. Ich mag ihn sehr. Er lässt sich knicken, sogar falten und geht einfach nicht kaputt. Wenn der Ami irgendwann auf Kuba einmarschiert, wird höchstwahrscheinlich dafür nur noch halb soviel Pflanzenmaterial, denn ich glaube der Hut besteht nicht aus Stroh, und weniger Garn eingesetzt. Das Teil hält dann, wie bei uns die Kleidungsstücke, nur noch ein halbes Jahr. Ressourcen? Wie Brecht schon sagte:

„Erst kommt das Fressen und dann die Moral."

Vokabelsuche

Irgendwie von Havanna nach Santiago. Egal wie, nur nicht in der Touristenklasse. Für Draufgänger wie uns viel zu simpel. Denn David und ich suchten das Abenteuer. Ein wenig Abenteuer. Naja, also, Abenteuer für Angsthasen.

Angeblich fahren auf Kuba kaum Busse über Land. Und Züge? Für Ausländer ein unkalkulierbares Risiko, aber wir wollten das Land kennenlernen, mit Leuten sprechen. Die Menschen sind für mich die Sehenswürdigkeiten einer Gegend. Das funktioniert natürlich bedeutend besser wenn man der Landessprache mächtig ist.

Unsere jüngste Tochter, Sina, wählte in der Schule Spanisch als zweite Fremdsprache und - ja- ich war bereit für Spanisch. Bereit, um mitzulernen, denn was Sechstklässler können kann ich doch auch. Zumal diese ja noch die Belastungen der anderen Fächer zu bewältigen haben. Also büffelte ich wie ein Irrer, lernte Vokabeln, schrieb die Klassenarbeiten meiner Tochter zu Hause nach und was soll ich sagen, ich hinkte irgendwie immer hinterher. Dass man eine Sprache anwenden sollte, um sie richtig gut sprechen zu können begriff ich erst später, viel später.

Einige Wochen nach dem ersten Hochgefühl, bald eine Fremdsprache zu beherrschen, sprach ich schon ein paar aufwendig auswendig gelernte Sätze und Redewendungen. „Das funktioniert doch prima. Spanisch ist kein großes Ding. Armer Tor, hast dich schön geirrt." Nach zwei Jahren umfasste mein Wortschatz aber dennoch ca. 800 Wörter und ein bisschen Grammatik. Aber sprechen und hören? Ich glaubte dies begreife ich nie. Ohne vernünftige Vorbereitung durch Kuba? Das wollte ich nicht - doch wie eigne ich mir am einfachsten das Wissen an? In die Volkshochschule? Ich wollte nur sprechen und hören. Das Lernen dort funktioniert anders. Es muss doch einen anderen Weg geben. Also eine CD in den Abspielautomaten und genau hingehört. Die Wiederholtaste, und wieder volle Konzentration. Immer und immer wieder hörte ich mir denselben spanischen Satz an. Warum funktioniert das denn nicht? Die Vokabeln alle im Kopf, nun aber die Ohren gespitzt. Was wollte der Sprecher nur von mir. Ich schaute im CD-Begleitbuch nach. Aaaahhhh, der Satz besteht aus sechs Wörtern und nicht, wie angenommen aus drei. Ich fing an die englische Sprache zu lieben, denn hier konnte ich wenigstens die Vokabeln auseinanderhalten.

Die Wochen gingen in's Land und ich beherrsche es ganz gut, ein Zimmer zu mieten, zu bezahlen und eine Fahrkarte zu kaufen, aber ich wollte über banale Alltagsdinge reden können. Vielleicht verbessert sich die klägliche Situation, wenn ich mit einem Muttersprachler reden könnte.

Muttersprachler ?

Angeblich lernt man eine Fremdsprache am besten, wenn man mit einem Latino oder Spanier reden kann. Nur, wo finde ich den? Auf jeden Fall würde ich Einzelunterricht benötigen. Soviel war klar. Sina ging damals zweimal pro Woche zum Karatetraining und ihr Lehrer, ein Kubaner, wäre eine tolle Alternative. Leider war ich meiner Tochter peinlich. Also doch das Bildungswarenhaus, oder ein Lehrer. Im Treppenhaus der Volkshochschule, wo ich diesen suchte, kam mir ein kleingewachsener, schwarzhaariger, freundlich lächelnder Mann entgegen. Einmal angesprochen gab es kein Zurück. Wir verabredeten uns für kommenden Montag bei ihm zu Hause. So fuhr ich in den Nordwesten unserer Stadt – Torgaus Kreuzberg. Es war Winter und es war nass, kalt und windig - ich fror. Die Straße nebst Hausnummer fand sich schneller als gedacht, doch der Name an der Klingelleiste war fast nicht zu erkennen. Das Licht über der Haustür und auch meine Lesebrille fehlten. Mit der Nase an den Klingelknöpfen hatte ich eine Ahnung. Das könnte er sein. Dieser Name, oder der direkt darunter? Alle anderen fielen zu kurz oder zu lang aus. „Wer ist da?". Ein Fenster in der vierten Etage öffnete sich und einer unsichtbaren Frauenstimme rief ich mein Anliegen entgegen. Ein anderes Fenster öffnete sich ebenfalls und eine bedrohlich klingende Stimme wollte runterkommen, sollte ich nicht Ruhe geben. Sicher wollte er mir die Haustür persönlich öffnen. Der Türöffner summte, ich tastete mich nach oben, trat auf eine Gummiente und erschrak. Ihr lautes Quaken im dunklen Treppenhaus hörte sich genauso gequält an, wie ich mich fühlte. Das Abenteuer hatte also schon begonnen! Dann ging doch noch Licht an. Die Schalter an den Wohnungstüren funktionierten einwandfrei und auch mein sauber ausgesprochenes „Buenos noces.", denn mein Privatlehrer und ich hatten vereinbart kein Wort deutsch zu reden. „Guten Abend." sagte Signore Garcia. „Ich habe schon gewartet." Vielleicht zählte das Treppenhaus nicht zur Sprachreservation. Wir wechselten noch zwei-drei deutsche Sätze, dann kam von oben eine ältere Dame und nickte Herrn Garcia freundlich zu. Dieser erwiderte das Lächeln mit einem freundlichen: „Bis zum nächsten mal Mutti." Zu mir gewandt wiesen seine Augen nach oben und ich ging mit ihm in die fünfte Etage, den Boden. Nur flüchtig zeigte er mir alle Zimmer, denn der Boden war in diverse Abschnitte, mit Räumen und Türen, eingeteilt und nicht sehr gastlich. Das letzte Zimmer unterschied sich von den anderen in sofern, dass es einen langen Tisch, einige Stühle und einen kleinen Metallofen in sich barg. Dieser erinnerte mich an den in meinem früheren Kinderzimmer. Er ging mir bis zur Hüfte und die Breite konnte mit zwei Buchrückenlängen beschrieben werden. Eine braune Lackierung. Die Knubbel der Türen, welche sich verschrauben ließen, waren aus Hartplast. Es war kalt im Zimmer. Genau wie einst in meinem. Die Kinderzimmer der Bauerngehöfte dienten früher fast ausschließlich als Schlafstatt. Gespielt haben die Kinder in der Küche, der Stube oder draußen.

Auch hier stand der Ofen links neben der Tür. Das Ofenrohr schwarz, zerkratzt, und ungewohnt, denn solche sieht man heute kaum noch in deutschen Wohnräumen. Kleine Rostflecke schimmerten im Licht. Im Ofen meines Kinderzimmers befanden sich immer irgendwelche Hausaufgabenhefte, in denen die Lehrer Unterschriften meiner Eltern für die Information meiner Fehltritte einforderten, oder Klassenarbeiten, die ich, weil mit ungenügend bewertet, selbst unterzeichnete. Ich weiß auch nicht warum ich glaubte, dass der Ofen mit dem großen schwarzen Loch, welches meine Heimlichkeiten barg, so lange mein Gefährte war, denn er behielt die ihm anvertrauten Geheimnisse nie für sich. In schöner Regelmäßigkeit also, wurde ich ertappt.

Geräuschvoll fiel das Schulbuch auf den Tisch und holte mich in die kühle Wirklichkeit zurück. Kurz, aber bestimmt erklärte ich Herrn Garcia erneut, dass ich keinen gewöhnlichen Unterricht haben, sondern mich mit ihm über Kuba unterhalten wolle und zwar ausnahmslos in seiner Landessprache. Er war verwirrt. Hatte er mir bei unserem ersten Gespräch nicht zugehört? Fragend schaute er mich an, bis ich mich genötigt sah meinen Plan nochmals zu erläutern. Mein Lehrer fiel aus allen Wolken, und die nächste halbe Stunde verbrachte Herr Garcia damit, mir solch eine Reise auszureden, denn meine Sprachkenntnisse würden nie und nimmer ausreichen, um im Dschungel und den Klauen der Kommunisten zu überleben. Ich schmunzelte in mich hinein, zog unmerklich meinen Pullover soweit zurück, dass meine Armbanduhr darunter hervor lugte, wollte ihn eigentlich daran erinnern, weswegen ich da sei und sagte erst einmal nichts. Eine dreiviertel Stunde war vorüber und wir hatten noch kein einziges spanisches Wort gesprochen – also er. Ich hatte ihn ja in seiner Muttersprache begrüßt. Ich driftete mit meinen Gedanken ab, beobachtete die Regentropfen die sanft gegen das Fenster schlugen und in dünnen Rinnsalen herab- flossen. Eine viertel Stunde später meinte Herr Garcia mich fit machen zu müssen, um in Feindesland bestehen zu können. Nie sollte ich die Mutter eines Mannes beschimpfen und auf keinen Fall mit jeder Prostituierten mitgehen. „Mensch Garcia", dachte ich „Lass uns doch endlich zur Sache kommen! Ich will keine Prostituierte beleidigen oder mit fremden Müttern mitgehen."

Dann war die erste Stunde auch schon beendet. Ich zahlte die verabredeten zehn Euro und wir beschlossen uns kommende Woche wiederzusehen. Die nächste Übungseinheit begann, wie die Vorhergehende geendet hatte. Eine viertel Stunde später fragte ich vorsichtig nach einer kleinen spanischen Konversation, um die große deutsche abschließen zu können. Nach: „Wie heißt du?" und „Wo kommst du her?" redete mein Lehrer wieder munter in Deutsch drauf los. Ich war zu höflich um ihn zu unterbrechen und hoffte er würde alsbald mal auf den Punkt kommen. Kam er nicht und die Zeit war um. Ich verbuchte auch diese Stunde als Informationsveranstaltung und redete mir ein, dass ich nur profitieren könne, mit einem so weltoffenen und eloquenten Menschen. Als Nächstes stand sein Pyramidenzimmer auf dem Programm. Pyramidenzimmer? In Erwartung hunderter zusammengesammelter Pyramiden verschlug es mir die Sprache. Nur eine Pyramide. Zirka zwei Meter hoch und mit vier Quadratmeter Grundfläche, gefertigt aus Aluminiumwinkeln, verschraubt und auf Holzpfosten gestellt. In der Mitte ein Stuhl. Ich musste schmunzeln. Mein Spanischlehrer war nicht nur Spanischlehrer, sondern auch Heiler und Mutti nicht Mutti, sondern Patientin. In der nächsten Stunde erfuhr ich Dieses und Jenes über Pyramidenheilung, Zukunftspläne und Vergangenheit der Garcias sowie die drei Staatsbürgerschaften meines Gegenübers. Deutsch, kubanisch, mexikanisch. Bald, und zwar dann wenn sich die kubanischen Grenzen öffnen, wird er auch noch im Außenhandel tätig sein. Import – Export, denn er weiß genau, was die Kubaner so brauchen, wollen und natürlich auch bezahlen können. Also ist mein spanisch lehrender Heiler auch noch Geschäftsmann. Junge, was für ein Abend! Irgendwie muss das doch auch anders laufen können! Für das nächste Mal verabredeten wir uns auf eine halbe Stunde, weil ich vorgab keine Zeit zu haben und hoffte dadurch, meine Spracheinheiten zu optimieren. Ihm war es recht, doch der nächste Montag verlief ähnlich. Nach den ersten zwei spanischen Sätzen wurde ich nachdrücklich davon unterrichtet, wo wir nicht schlafen, welche Viertel wir meiden, was wir nicht und was wir unbedingt essen sollten. Die halbe Stunde verging wie im Flug. Ich zahlte fünf Euro und ging. In den folgenden Wochen lernte ich die Familie, den Hund, die Katze, Vögel und Fische, den PC, Herrn Garcias ganzer Stolz, und die neueste Version von Google Earth kennen. Darüber klickten wir uns nach Havanna und schauten uns, 360 Grad drehend, diese wunderbare Stadt an. Nur Spanisch sprachen wir leider nicht. Ich fand mich armselig, denn ich bin der Einzige den ich kenne, der für seine sozialen Kontakte Geld bezahlt. Noch heute treffen wir uns für 'ne halbe Stunde in der Woche. Wir reden, ich bezahle, wir verabreden uns aufs Neue und ich gehe. Ich sollte mit ihm eine Abbuchung vereinbaren, dann spare ich wenigstens die Benzinkosten. Ob Herr Garcia spanisch sprechen kann, weiß ich leider nicht, aber wir haben ja noch jede Menge Zeit, um das herauszufinden. Ich griff nun doch auf Sina´s Karatelehrer zurück und der wusste genau was ich wollte. Die Bezahlung war ein Getränk in der Kneipe, in der wir uns jeden Dienstag trafen, um intensiv eine Viertelstunde über irgendwelches sinnlose Zeug zu sprechen. Diesmal wirklich Spanisch. Carlos fand meine Sprachkenntnisse gar nicht so übel. Ich schätze mal 'ne gute vier minus. Er ist halt nett. Warum einfach, wenn es auch kompliziert geht?

Leipzig - Paris - Havanna

Unser Flieger startete in Leipzig. Zwischenlandung in Paris, Flughafen Charles de Gaulle, dort zwei Stunden Aufenthalt. Ehe wir unser Terminal fanden, verging eine halbe Stunde, doch wir hatten reichlich Karenz eingeplant. Das einchecken dauerte eine Weile, aber wir sollten immer noch eine dreiviertel Stunde warten. Ich sah die Masse der Leute, welche vor uns am Terminal standen und dachte so bei mir, dass es wohl eng mit der Zeit werden würde. Vor uns befanden sich etwa zweihundert Menschen, während nur ein Abfertigungsschalter geöffnet hatte. Der Flieger sollte 12.50 Uhr starten. Wir hatten noch eine viertel Stunde Zeit bis zum Abflug und irgendwie bewegte sich nicht viel. Eigentlich gar nichts. Langsam wurden wir unruhig, aber sahen auch, dass es anderen potentiellen Passagieren ebenso ging wie uns, was mich dann in der Hinsicht beruhigte, dass wir uns am richtigen Terminal befanden. Bis zum Start blieben fünf Minuten und immer noch ca. einhundert Leute vor uns. Ein junges Paar drängte von hinten an uns vorbei. „Entschuldigung! Wir müssen unseren Flieger pünktlich erreichen." Das war unser Signal. Wir verloren die Nerven, warfen die Rucksäcke über die Schultern und liefen ihnen nach, ehe sich der wütende Menschenstrom hinter uns beiden wieder schloss. Ein bisschen wie bei Alibaba, der in die Wunderhöhle wollte. Nur wenige Minuten später standen wir vor der Abfertigungsangestellten, haben es sogar noch ein Stück weiter geschafft als unsere beiden Eisbrecher. Nur leider war hier Schluss. Eine junge Dame in Uniform, und dieser waren wir hilflos ausgeliefert, gebot uns freundlich, aber dennoch resolut, stehen zu bleiben, was wir auch taten. Etwas zu deutsch legten wir die Hände an die Hosennaht, deuteten eine leichte Verbeugung an und hofften mit dieser Respektsbekundung schneller, an ihr vorbei, in den Flieger zu gelangen. „Bitte lass uns durch. Du siehst doch, dass wir nicht mit einer Bombe unterwegs sind." Apropos Bombe. David meinte, als wir warteten, dass wir eine Bombe hätten mitnehmen sollen, weil in keinem je bekannten Fall zwei verschiedene Attentäter mit demselben Flugzeug flogen. Wenn also wir die Bombe hätten, wären wir rein statistisch auf der sicheren Seite und würden unsere Reise sozusagen ein gutes Stück sicherer beginnen. Mit was sich David so beschäftigt? Hinter uns Amis, die sich lautstark über unser Vordrängeln beschwerten. Ich stellte mich dumm und tat so als verstände ich kein Wort, was ich ja auch nicht tat. Aber David, der König der Zeichensprache, fand in seiner eigenen eleganten Art Wege, uns und die Amerikaner miteinander zu versöhnen. Die Damen in Uniform ließen uns am ausgestreckten Arm verhungern, hinter uns eine unzufriedene Menschenmenge und die Abflugzeit war lange überschritten. Jetzt endlich erfuhren wir Nachsicht und durften uns durchleuchten und überprüfen lassen. Im Laufschritt zum Flugzeug und ich glaubte meinen Augen nicht zu trauen, denn es waren noch nicht einmal die Hälfte der Sitzplätze besetzt. Um es kurz zu machen: der Start verschob sich um eine dreiviertel Stunde, was nirgendwo angezeigt wurde und alle die draußen Warteten durften auch noch mitfliegen. Es wäre halt super gewesen, hätten wir das in unserer Sprache mal lesen können, aber mit deutsch haben die es hier nicht so. Der Flug mit Air France dafür? Es gab keinen Grund zur Klage.

Die passende Schlafstatt

Als wir in Havanna ankamen war es dunkel. Wir suchten unser Gepäck zusammen, tauschten etwas Geld und sahen zu, dass wir aus dem Flughafengebäude kamen. Vom Routenplaner wusste ich, dass es von hier bis zu unserer Primärunterkunft, die erste Nacht in Cuba muss noch vor der Einreise gebucht werden, etwa fünfzehn Kilometer weit ist. Die Adresse hatte ich mir notiert und wusste deshalb, dass wir ca. zwanzig Minuten zu fahren hätten. Wir wollten zu dritt in's Zentrum, da wir in der Maschine eine junge Deutsche kennen gelernt hatten, die wohl ihre erste Unterkunft irgendwo in unserer Nähe hatte.

Wir gingen an allen Taxifahrern vorbei, weil die mehr als fünfzehn CUC pro Nase von uns haben wollten. Das ist die harte Währung, also das Westgeld Kubas und wird eins zu eins mit dem Euro verrechnet. Also, wir gingen erstmal an allen Taxis vorbei, denn ich fand es schon unanständig, wenn in einem Land, in dem ein Lehrer ca. 15,- CUC zur einheimischen Währung dazu verdient, ein Taxifahrer 45,- CUC für 15 km bekommen sollte. Mehr als fünfzehn für uns alle war es uns einfach nicht Wert. Notfalls würden wir laufen.

Ich will noch kurz erwähnen, dass ein Durchschnittskubaner, und das sind die meisten auf dieser Insel, ca. 10,- CUC und dreihundert Pesos der Nationalwährung an Lohn erhält. Mit den CUC kann man all das kaufen, was der Staat aus dem Ausland einführen muss. Die einheimische Währung wird genutzt, um die Dinge des alltäglichen Bedarfs zu beschaffen. Während die Kaufhäuser in denen mit CUC bezahlt wird, von unseren kaum zu unterscheiden sind, ist der Anblick in einem Nahrungsverkaufsladen schon gewöhnungsbedürftig. Ein Raum, der Tresen blankgegriffenes Holz, ebenfalls Holz die Regale, die alte Registrierkasse vor uns -wie in einem Tante-Emma-Laden. Alles sauber und übersichtlich, sehr übersichtlich. Die Waren wurden so einsortiert, dass sie zahlreicher erschienen als sie tatsächlich waren. Weltweit das Gleiche, denn bei uns sollen ja im Regal fünfundsechzig Gramm auch wie drei Kilo aussehen, doch ein Bündel

Zigarren, ein Sack Mehl und ein Sack Reis bleiben halt nur ein Bündel Zigarren, ein Sack Mehl und ein Sack Reis. Genau wie bei uns fünf- undsechzig Gramm Wurst fünfundsechzig Gramm Wurst bleiben - Monsterverpackung oder nicht. Der Mensch kommt ja eh mit Mangel besser zurecht als mit Überfluss.

Nun aber hatten wir alle Taxistände abgelaufen und taten sehr ge- schäftig, warfen unsere Rucksäcke über und taten so, als würden wir jeden Moment loslaufen wollen, gingen drei Schritte und unser Plan ging auf. Ich schnappte einige Wortfetzen von Preisreduktionen auf und jetzt konnten wir uns beruhigt wieder einem Taxi nähren, denn alle beteiligten Parteien waren verhandlungsbereit. Wir einigten uns auf 15,- CUC für uns drei und fanden das war eine klassische win- win-Situation.

Unser Taxifahrer setzte Claudia an ihrer Unterkunft ab und wollte ihr 15 CUC abnehmen. „Na prima" dachte ich. „Kaum im Sozialismus und schon der erste Streit ums Geld." Ich mischte mich ein und nach einer Weile konnte sich der Fahrer wieder erinnern, dass fünfzehn für alle abgemacht wahr. Kurzzeitige Amnesie, rechtzeitig wieder beho- ben. Super!

Unser Chauffeur setzte uns in einer breiten Allee ab und deutete auf die andere Straßenseite. Wir bummelten mit unseren Rucksäcken in die uns geheißene Richtung, in der Hoffnung vom Fahrer, aus Frust, nicht im falschen Viertel abgesetzt worden zu sein, denn der Streit ums Geld hing uns allen noch an. Doch er schien ein guter Verlierer zu sein.

Die Gegend war richtig, wir fanden den Straßennamen auf einem, sicher über hundert Jahre alten, Schild. Nur die genaue Nummer war ein Problem, aber an einer Tür war ein „Casa particular"-Schild. Das heißt: hier wurde privat vermietet. Wir klopften, oben rief jemand aus dem Fenster und ich war froh, mich wenigstens ein bisschen in der Landessprache verständlich machen zu können. Ein Mann in mittleren Jahren kam die Treppe herunter und öffnete die Tür. Ich erklärte ihm unser Begehr. Er freute sich, dass wir endlich da seien, denn er wartete schon und wir freuten uns, dass die erste Etappe erfolgreich verlaufen war. Tagesziel erreicht? Oben fanden wir die Familie versammelt. Eine Frau um die dreißig, zwei Mädchen, ca. sieben und zehn, eine ältere Frau, Mutter oder Schwiegermutter und der jeweils dazu passende Mann. Vielleicht auch in anderer Konstellation. Wir haben nicht gefragt und es wird ein ewiges Rätsel bleiben. Auf alle Fälle wurden in diesem Haus alle kubanischen Klischees übererfüllt. Ich erkannte, da ich daheim im Internet recherchiert hatte, alles wieder und die Wohnung begrüßte mich wie einen alten Bekannten, den sie seit Jahren nicht mehr gesehen hatte. Kommt, stellt eure Rucksäcke in den Schrank. Legt, setzt euch, ruht euch aus. Wir nahmen das Angebot gerne an und suchten unseren letzten Rest Reiseproviant zusammen.

Auf dem Tisch, der auf dem Balkon stand, breiteten wir das Essen aus. Einige Tage später, als wir die Bausubstanz der Gebäude im Hellen betrachten konnten, wär ich da um´s Verrecken nicht rausgegangen. Das Haus stand direkt an der Straße und demzufolge schwebten wir mit unserem Balkon über dem Verkehr. Wir waren glücklich. Unter uns hielten Buicks an der Ampel, Chevrolet und andere undefinierbare wunderschön verrostete, zerbeulte oder liebevoll restaurierte Gefährte. Es roch nach verbranntem Benzin und Öl. Einfach wunderbar. Wenn ich irgendwo auf Reisen bin befinde ich mich nicht nur in einer Stadt sondern in einer Imagination und erst das macht für mich den Reiz aus. Genau wie Weihnachten, was ja nicht nur Geschenke überreichen ist, sondern die Traumwelt die es umgibt. Als wir gegessen hatten erschien der Hausherr, um mit uns die Anmeldeformulare auszufüllen. Staatsangehörigkeit deutsch. Ihm schlief das Gesicht ein. „Ich erwarte Franzosen. Wo kommt ihr denn her?" „Aus Deutschland". Ich zeigte ihm unseren Internetausdruck, die Adresse unserer Wohnung und er schüttelte den Kopf. So ein Mist. Hatte uns der Taxifahrer doch verarscht. Hilflos schauten wir unseren Fastvermieter an, doch dieser redete bereits mit seiner Frau und die brachte uns zwei Häuser weiter - zu Rosa, unserer richtigen Vermieterin. Rosa.

Endlich Rosa

Auch sie wartete bereits und bot uns erst mal ein Willkommensgetränk an. Frisch gepresster Mangosaft. Naja, wir wollten glauben, dass sie ihn frisch gepresst hatte. Rosa ist eine attraktive Frau in den Vierzigern mit glattem dunkelbraunem Teint, kurzem, krausem und zu Zöpfchen zusammengebundenem Haar und einem geraden Gang. Sie begrüßte uns herzlich. Schokoladenbraunes, lachendes Gesicht, weiß blitzende Zähne, schwarze Leggins und ein leuchtend gelbes Top. Wir schauten uns um. Willkommen in der Wirklichkeit. Weit ab vom Kubakatalogtourismus schlagen sich sicher viele Rosas durch. Wir standen in der Empfangshalle und gleichzeitig im Flur, im Arbeits- und Wohnzimmer. Spartanisch eingerichtet doch überaus sauber. Links an der Wand eine dunkle Anrichte aus den Sechzigern. Darin einige Gläser und obenauf eine kleine Pferdeskulptur aus schwarzem Holz. Die drei kleinen Bilder über dem Schränkchen zeigten verschiedene Landschaften. Rechts neben der Eingangstür zwei ältere weiße Ledersessel aus den Siebzigern, liebevoll mit Schonbezüge ausgekleidet und dazwischen, sitzend, lebensgroß und lebensecht eine Hundeplastik aus Kunststoff. Klar. Er frisst nicht viel, um nicht zu sagen gar nichts und er kackt nicht auf den Boden. Leider bellt er auch nicht und ist somit als Beschützer des Hausherren denkbar ungeeignet.

An der Wand rechts, gegenüber der Anrichte, steht ein mittelgroßer schwerer Holztisch und sechs dazu passende Stühle. Gegenüber der Eingangstür der Durchgang zur Küche, naja Kochräumchen und rechts von ihm der PC auf einem kleinen Tischlein. Darunter die Abdeckhaube des Computers, wahrscheinlich abgenommen um die Lüftung zu optimieren.

In unserem Zimmer standen ein Schrank, zwei Betten und ein Kühlschrank. Also alles, was wir an diesem Abend brauchten war da. Und alles, bis auf den Kühlschrank war selbstgebaut. Obwohl, vielleicht auch der Kühlschrank. Die Luft war stickig. Ich zog den

Vorhang beiseite, um das Fenster zu öffnen. Mein Blick schweifte über den Hinterhof. Genau genommen sah ich keinen Hof, sondern ein Hinterhofdachpappenflachdach, Wände, von denen der Putz abgebröckelt war und am Boden lag, alte Geländer, gespannte Leinen ohne Wäsche, Schornsteine.

Wir wollten uns noch abduschen und fragten Rosa nach dem Bad. Sie zeigte uns ein wirklich winziges Badezimmer mit einem kleinen Waschbecken, einer Kloschüssel und einem Vorhang vor dem Brausekopf, der direkt auf das Wasserrohr geschraubt worden war. Rosa schlief mit ihrer Mutter in einem winzigen Zimmer. Dort passten gerade mal ein Doppelbett, ein Kleiderschrank und eine Anrichte, auf der ein Fernsehgerät stand, hinein. Wir standen in der Tür und wollten die Mutter unserer Vermieterin begrüßen, doch Rosa hielt uns davon ab und erklärte, dass sie dement sei. Das WC im Zimmer sahen wir erst viel später. Es war dezent hinter einem Vorhang versteckt. Irgendwie hatten wir ein schlechtes Gewissen. Zu zweit in so einem, nun plötzlich zum Luxuszimmer avancierten, Raum zu schlafen behagte uns nicht. Doch Rosa war glücklich, denn wir brachten harte Währung in die weiche Haushaltskasse.

Sie wies uns noch in die Badgepflogenheiten ein. Wir sollten vorsichtig mit der Mischbatterie umgehen – die Knaufe mussten nach dem Duschen abgezogen und auf den gefliesten Boden gelegt werden, weil diese locker waren und nicht herunterfallen und zerspringen sollten.

Die Spülung würde nicht Papier und Wurst gleichzeitig schaffen, also sollten wir das Toilettenpapier nach der Benutzung in dem Eimer neben der Kloschüssel deponieren.

Wir duschten, gingen aber nicht schlafen, sondern setzten uns vor's Haus auf die Eingangsstufen und beobachteten die Leute. Genau wie es die Einheimischen taten. Das laue Lüftchen tat uns gut. Eine Flasche Rum, etwas Saft und fertig ist die Party. Das Leben kann so einfach sein. Ein älterer muskulöser Schwarzer mit freiem Oberkörper trainierte drei etwa zehnjährige Jungen. Sie lernten bei ihm das Boxen. Die Handschuhe waren viel zu groß und stammten vieleicht aus den siebzigern, doch das schien niemanden zu interessieren. Der Trainer ist Polizist und will nicht, dass die Bengel auf der Straße rumlungern, sondern etwas Sinnvolles mit tun. „Schau an „ dachte ich, „überall das Gleiche." Wir gingen spät schlafen. Im Nebenzimmer redete Rosa mit ihrer Mutter – ein Monolog.

Als es am Morgen darauf hell wurde und ich zur Toilette ging schlief David noch tief und fest. Ich faltete das Papier schön sauber zusammen, damit der beißende Geruch darin blieb, legte es in den hellblauen Emailleeimer und verschloss diesen sorgsam mit dem Deckel. An diesem Tag war ich der Erste. Übrigens, so ordentlich wie bei Rosa mussten wir nirgends unser gebrauchtes Klopapier falten, weil der Wasserdruck sonst überall ausreichend war ... na gut, manchmal war's ganz schön knapp, aber das Toilettenpapier aus der Heimat brauchten wir den ganzen Urlaub nicht.

Nach dem Frühstück wollten wir Fahrkarten für den Zug nach Santiago kaufen. Auf dem Tisch standen die von Rosa angerichteten Teller mit Früchten. Dazu Weißbrot, schwarzer Kaffee und etwas Milch. Es war Milchpulver oder Ziegenmilch –schmeckte irgendwie komisch. Wir wurden nicht satt, wollten aber nicht mehr einfordern, um unsere Vermieterin nicht in Verlegenheit zu bringen. Zum Glück hatten wir unsere Nahrung aus Deutschland. Ich wollte mich ja eh mit Haferflocken versorgen. Vier Kilo sollten reichen und natürlich ein paar Tüten Rosinen dazu. David hatte von allem etwas dabei. Von der Dosenwurst bis zum Müsliriegel. So konnte uns nahrungstechnisch nicht viel passieren.

Fahrkartenkauf 2.0

Als wir dann irgendwann am Vormittag aus dem Haus gingen, um Fahrkarten zu kaufen, waren wir guter Dinge, fanden zum Bahnhof und gingen an einen besetzten Schalter. Nur Fahrkarten konnten wir dort nicht erstehen, denn um das zu tun sollten wir ein Gebäude, das sich angeblich einen halben Kilometer östlich vom Hauptbahnhof befand, aufsuchen. Seltsam, aber in Deutschland treibt ja der Fahrkartenverkauf zuweilen auch bizarre Blüten. In glühender Hitze fanden wir also einen Flachbau, der wie die meisten Gebäude hier die besten Jahre schon hinter sich hatte. Am Eingang erwartete uns ein älterer Herr, der Türsteher. Er musterte uns kurz, ließ uns ein und andere heraus. Die Stühle waren, wie im Theater, in Reihen und hintereinander angeordnet. Da ich wusste, dass man in Kuba, wenn man anstehen muss, immer nach dem Letzten der Schlange fragt, tat ich dies und wir setzten uns, um der Dinge zu harren die da kamen.

Aber erst mal passierte gar nichts und das eine ganze Stunde lang. Aber Zeit ist ja bekanntlich relativ, wir hatten Urlaub und zu schauen gab es immer etwas. Vier Schalter hatten geöffnet aber es bewegte sich nicht viel. Alle zehn Minuten winkte der Einweiser, ein junger Mann mit Brille, schwarze Hose, schwarze Weste und weißem Hemd einem Wartenden. Dieser packte dann, wie wir es aus dem Wartezimmer des Arztes kennen, schnell seine Langeweilebekämpfer zusammen steckte diese in die Handtasche oder klemmte sich das Zeug einfach unter den Arm und postierte sich vor einem Schalter um auch dort wieder zu warten. Irgendwann holten zwei Mitarbeiter noch einen ziemlich ramponierten Schreibtisch von irgendwo her und siehe da, geöffnet war der fünfte Schalter. Jetzt hatten wir also einen Schalter mit Computer und einer Fachangestellten, an Schalter Zwei wurden die Fahrscheine ausgeschrieben - per Hand, der dritte Schalter war offensichtlich der Stempelschalter und in Schalter vier saß eine junge Frau, die das Kind einer Freundin hütete. Der Aufgabenbereich des Schreibtischschaltermitarbeiters war unklar. Aber eines war schon mal klar, sieben Menschen hatten Arbeit -gesunde Arbeit und schienen glücklich, denn sie scherzten mit jedem Kunden, waren freundlich und ausgeglichen.

Nach zwei kurzweiligen Stunden waren wir dann an der Reihe. Der Tourist findet so etwas ja meistens recht unterhaltsam, aber ich möchte nicht wissen was in den Köpfen der Einheimischen vor sich geht, bei solchen enormen Wartezeiten. Aber vieleicht kann man dem Erlebnisfahrkartenkauf auch etwas positives abgewinnen, alle, und ich meine hier vor allem die alten Menschen, hatten soziale Kontakte. Sie redeten miteinander, lachten, schimpften, spielten Brettspiele, teilten mit dem Stuhlnachbarn den mitgebrachten Kuchen und tranken gemeinsam Kaffee.

Doch nun waren wir an der Reihe. Die Angestellte suchte unsere Verbindung heraus, Havanna - Santiago, das war leicht. Noch die Zeit. Wir wollten in der Nacht fahren und unsere Reise würde etwa dreizehn Stunden dauern – ohne Verspätung oder unerwarteten Aufenthalt. Einwandfrei und ab zum nächsten Schalter. Freundlich geleitet vom Schalteranweiser. Unglücklicherweise benötigten wir unsere Reisepässe und die lagen noch bei Rosa. Ab vierzehn Uhr aber wurden keine Fahrkarten mehr verkauft und wenn wir diese heute nicht erhielten, verzögerte sich unsere Abreise einen weiteren Tag. Wir hatten also eine halbe Stunde um unsere Pässe zu holen, wenn wir übermorgen fahren wollten. Mit unseren Rucksäcken und zu Fuß unmöglich zu schaffen. David wollte bei den Sachen bleiben und ich mir eine Fahrradrikscha mieten.

Auf dem Rad fühlte ich mich wie ein Kolonialeuropäer. Es war extrem heiß. Der Fahrer, ein junger Bursche in T-Shirt und kurzen Hosen, hielt eine taschentuchgroße USA-Fahne in der Hand, mit der er sich hin und wieder den Schweiß aus dem Gesicht wischte. Es ging bergauf, und zwar so steil, dass mein Chauffeur aus der Rikscha sprang und sein Gewicht tapfer gegen den Lenker stemmte. Wenn ich es ihm gleichtun würde ginge es sicher schneller. Also sprang auch ich heraus und schob. Ich hielt mich am Gestänge hinter dem Kundensitz fest und versuchte so gut es halt ging das Gewicht des

Gefährtes mit zubewegen. Das wiederum missfiel meinem Chauffeur, da er sich vor den anderen Fahrern keine Blöße geben wollte.

Einige standen, auf Kundschaft wartend, am Straßenrand und schauten zu uns herüber. Keiner lachte oder foppte ihn. Ich sollte endlich wieder einsteigen. „Hoffentlich ist die Bergspitze bald erreicht." Jetzt ging es auch schon wieder bergab. Unglaublich, die schlechten Straßen gepaart mit der ungeheuren Geschwindigkeit unseres Gefährtes! Diego, so hieß mein Fahrer, wollte die durch das Laufen verlorengegangene Zeit wieder aufholen. Keine beachtete rote Ampel inmitten des immensen Verkehres! Neunzig Grad Kurven! Wie in einem Bob versuchte ich mein Gewicht so zu verlagern, dass alle beiden Hinterräder am Boden blieben. Es gelang mir nicht immer. Ich schrie, hatte Todesangst, doch wie durch ein Wunder erreichten wir ohne Unfall unser Ziel. Schnell zu Rosa, die Stufen doppelt genommen, Pässe gegriffen und wieder in den Fahrradanhänger. Ab ging die Post, um kurz darauf gleich wieder einen Boxenstopp einzulegen. Diego klopfte an ein Fenster und ließ sich seine alte leicht angeschnodderte Einliter-Fanta-Plasteflasche mit Wasser nachfüllen. In dieser Zeit ölte ein Junge die Ketten, überprüfte die Reifendrücke und ein anderer wedelte dem Erschöpften mit einem Stück Pappe heiße Luft und neue Kraft zu. Na gut, die zwei Jungs sind erfunden. Doch um den Arbeitslohn in die Höhe zu treiben wäre das ′ne super Nummer gewesen - aber schon ging es weiter. Ich fühlte mich schlecht, konnte mich aber nicht sehr lange solchen Sentimentalitäten hingeben, da sich schon wieder eine ordentliche Berg- und Talbahnfahrt über holprige Straßen ankündigte. Wir kamen gerade noch rechtzeitig an, um vom Fahrkartenverkaufsschaltereinlassmenschen empfangen zu werden. David und ich waren die einzigen Kunden im Wartesaal, mussten uns aber trotzdem wieder setzen, um dann erneut aufgerufen zu werden. Der höfliche Schalteranweiser begleitete uns freundlich an unser Schiebefenster. Das wollte er sich nicht nehmen lassen. Dienstbeflissen bis zum Schluss. Ob deutsche Beamte das gleiche mit kubanischen Reisenden tun würden? Wir also erhielten unsere Fahrkarten und alle Angestellten waren überaus freundlich zu uns, obwohl ihre Arbeitszeit längst überschritten war. Das honorierte ich mit einigen Stückchen Seife für die Schalterangestellten.

Tagesaufgabe erfüllt!

Posterwelten

Es war ca. fünf Uhr morgens als ein Hahn krähte und mich weckte. Wer zum Teufel hält sich in einer Großstadt einen Hahn? Oder ist das ein Wecker? Das Geschrei erinnerte mich an den Wecker, den wir unserer jüngsten Tochter vor einigen Jahren zu Weihnachten geschenkt und kurz darauf wieder entsorgt hatten. Ein fürchterliches Ding, Hahnengekräh in schlimmster Weise. Doch wenn es ein Wecker ist, muss der Besitzer ihn doch endlich ausdrücken. So lange konnte der den doch nicht ignorieren. Ich zählte die Sekunden zwischen den Weckrufen. Kikeriki 1-2-3-4-5-6-7-8-9-10. Kikeriki und wieder zehn, und wieder und wieder. Immer und immer wieder zehn Sekunden in einer fürchterlichen Lautstärke. Klar war das ein Wecker und keiner befand sich in der Wohnung um ihn abzustellen. Naja früher oder später hörte der Krawall auf. Eher später. David schlief glücklich und zufrieden den Schlaf des Gerechten. Ich beneidete ihn, drehte mich auf die andere Seite und versuchte noch mal einzuschlafen, denn der Hahn war nun endlich still, doch irgendwo bellte ein Hund und ich hörte ein Radio. Salsamusik. Havanna erwachte. „Gleich sind wir da du hässlich-schöne, malträtiert und so oft missbrauchte Stadt." Am Vormittag streiften wir durch die Straßen. Bunte Blüten lagen auf dem Asphalt verstreut, wie nasse Papierschnipsel. Der Verkehr donnerte laut vorüber, die Straße glänzte ölig. Eine dralle Schwarze schob eine bunte Torte, die sie auf dem Gepäckträger ihres Fahrrads festgeklemmt hatte, an uns vorbei. Etwas weiter weg spiegelte sich die Sonne in einer zerbrochenen Fensterscheibe.

Bewusst suchten wir Regionen für unsere Streifzüge heraus, die im allgemeinen von Fremdländern gemieden werden, im Urlaub will sich doch niemand mit Armut beschäftigen. Obwohl Armut ja relativ zu betrachten und hier auf Kuba anders zu bewerten ist als bei uns. Kostenlose Schulbildung und medizinische Versorgung, preisstabiele Grundnahrungsmittel, vielleicht noch ein festes Dach über´m Kopf und die nötige Gelassenheit, das Leben zu leben. Für uns Menschen

sollte das reichen um glücklich zu sein. Eigentlich. Mir fiel auf, dass wir hier weitgehend von Werbung verschont blieben. Wie seltsam die Häuser ohne aggressiv bunt leuchtende Gehirnbeeinflussungsschilder aussahen. Kein Heer von Werbefachleuten und Psychologen die versuchen über Kinder und Jugendliche an das Geld der Werberesistenten zu gelangen. Keine aberwitzigen Riesenplakate die unabdingbar schrieen: „Kauf! Kauf! Kauf!" Bis du es endlich tust, nur um es aus deinem Kopf zu sprengen und um zu merken, dass das leere Gefühl das du vorher hattest sich in keinster Weise geändert hat. Ich bin wer ich bin –mit Luxus oder ohne.

Wir gingen also durch die Straßen und sahen endlose Häuserruinenreihen. Die Arkaden, jeder Teilbereich versucht, mit Farbe zu beleben. Lindgrün, altrosa abgesetzt, falscher Backstein. In einem Hotel wurden Klimaanlagen montiert. Die riesigen Kästen auf's Vordach gestellt, die Leitungen durch ein Fenster verlegt und ein Teil der störenden Fensterbank mit dem Vorschlaghammer abgedroschen.

Eine Ziersäule an eine Gebäudewand appliziert, ihr oberes Ende mit einem Stuck-Abschluss verziert, der unten fehlte. Eventuell war er vor Jahren schon abgebrochen. Diesen hatte man liebevoll mit Farbe imitiert.

Die Fenster der einzelnen Etagen reichten bis zum Boden und wurden geschützt von einem kleinen Balkongeländer. Teils aus Beton, teils aus Eisen, vergammelt oder aufpoliert, gestrichen und mit bunten Blumen aus Plastik behangen oder halb weggerostet und durch nichts ersetzt.

Die Fenster waren weit geöffnet und mit luftigen Läden beschattet. Die in der Sonne dörrenden Topfpflanzen erzeugten ein Flair, das es uns genießen ließ durch die Straßen zu gehen obwohl es heiß und stickig war. Bizarre, in den Fünfzigern gebaute, Komplexe an denen seit über einem halben Jahrhundert das Klima und die Tatenlosigkeit nagen. Halb zerfallen und halb aufgebaut. Eine abgetakelte alte Lady. Hier und da mit etwas Make Up aufgehübscht. Traumhaft sicher gesprühte Che Gemälde über unverputzten Wänden, Cienfuego, Castro. Die Hitze wurde unerträglich. Ich begab mich in die Imagination der Revolution. Einschüsse, davonlaufende Menschen, zerspringendes Glas. Wir waren mittendrin. Bunte Kleider, schweißbedeckte Oberarme, eine grelle Frauenstimme die mit ihrem Mann schimpft. Ich stand in der Posterwelt meiner Jugendträume.

Erst mal etwas trinken. Vor uns ein Markt. Kleine Stände -Buden leicht bedacht. Die Holzplanken der Tresen, ab-und glattgegriffen. Es wurde Fleisch zerteilt und Fliegen verjagt, Obst zum Probieren angeboten und verkauft. Säfte gepresst und getrunken. Weit hinten Zuckerrohrsaft, gequetscht mit einer Maschine aus den frühen Dreißigern, vielleicht noch älter. Doch der Saft, der unsere Kehlen herunterfloss, war jung und kühl und wunderbar. Und das Gleiche noch einmal. „Aber bitte die Gläser nicht ausspülen." Zu spät. Rein in die Wanne, und wieder raus. Fertig. Alles wurde gleichmäßig verteilt und doch heruntergekippt. Egal, weiter geht's, an die anderen exotischen Tränken. Man muss schon seltsam unterwegs sein, um das alles schön finden zu können. Und weiß Gott wir fanden es schön.

Meiner Frau hatte ich vor Antritt der Fahrt versprochen, nur Wasser aus der Mineralwasserflasche zu trinken. Diese füllte ich regelmäßig am Wasserhahn auf wenn sie leer war. Doch Spaß beiseite. Am ersten Tag schon war es zu spät. Rosas Begrüßungstrunk war mit Leitungswasser versetzt. Kein Durchfall, Erbrechen etc. Na bitte. Ein Pferdemagen zahlt sich aus. Es wäre ja auch allzu schade um die vielen sonderbaren Dinge, die alle mal probiert werden wollten.

Wir liefen also weiter. Die Straßen rauf und runter, rechts, links, kreuz und quer. Die Augen auf. Ein liebevoll, mit einem Fahrradmantel und zwei Schläuchen, drapiertes Schaufenster, Hunde die aussehen wie Ratten und Ratten die aussehen wie Hunde. Immer nur die Augen auf. Ein Schienenstrang versperrte uns den Weg. Hartholzschwellen in den Schotter gelegt. Nicht am Übergang und ohne nach links und rechts zu schauen überquerten die Einheimischen die Bahnstrecke. Wir trotteten hinterher. Als auch wir das Schotterbett betreten wollten, sahen wir, lässig an eine Hauswand gelehnt, einen Ordnungshüter. Ihm war egal wer und wie oft er die Gleise betrat. Ob er das bei uns ebenfalls so leger sehen würde, wollten wir nicht ausprobieren und gingen den Polizisten fragen, ob wir hier auch über die Gleise springen dürften. In Deutschland wäre uns so etwas im Traum nicht eingefallen. Wenn er verneint hätte müssten wir halt ein paar Meter Umweg gehen. Ich an seiner Stelle hätte das getan. Doch von unserer Frage war er so geplättet, dass er überhaupt keinen Gedanken daran verlor uns zu foppen. Als wir ihn ansprachen wusste er nicht was wir von ihm wollten. Sicher waren wir die Ersten, die so eine unsinnige Frage stellten. „Dürfen wir hier rüber gehen?"

Leute gibt's. Mitleidig lächelte er uns an, zuckte mit den Schultern und nickte.

Warten – Warten - Warten

Am Bahnhof angekommen begaben wir uns erst einmal hinein. Er wurde im 12. Jahr des zwanzigsten Jahrhunderts erbaut, ist außen mit bunten Kacheln und Türmchen verziert, jedoch innen eher schmucklos. Eingerichtet mit Plastiksitzen und einigen Imbissständen –eine Wartehalle eben. Von hier aus startet der Expresszug Nr. 1 quer durch die ganze Insel nach Santiago de Cuba und in die Gegenrichtung ist es dann der Expresszug Nr. 2, der von Santiago nach Havanna fährt.

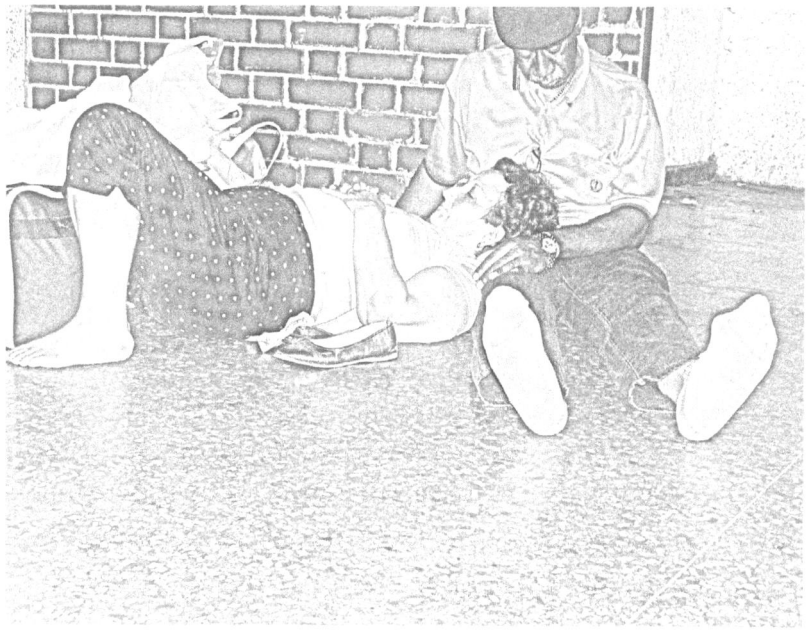

Wir setzten uns also und warteten und warteten und warteten. Die etwa zweihundert Menschen im Gebäude waren mit Geduld gesegnet. Sie saßen auf Bänken, mitgebrachten Klappstühlen, auf ihren Koffern, Taschen, Rucksäcken. Einige schliefen auf dem Fußboden liegend, oder sitzend an die Wand gelehnt. Die ausgezogenen Schuhe fein säuberlich abgestellt. Um es kurz zu machen: Es passierte nichts, was uns auf eine pünktliche Abfahrt hoffen ließ. Aller fünfzehn Minuten, wahrscheinlich um geschäftiges Treiben vorzutäuschen, denn es fuhren doch keine Züge, erfolgte eine laute und undeutliche Lautsprecherdurchsage, die sicherlich kein Mensch, aber auf alle Fälle ich, nicht verstand. Also durchfuhr es uns aller fünfzehn Minuten wie vom Blitz getroffen. Ich wollte den Rucksack nehmen und loseilen, schaute auf meinen Banknachbarn, sah sein gelangweiltes Gesicht. Sein mitleidiges Lächeln sagte mir zum wiederholten Mal, dass ich mich entspannen sollte. Hier passierte abfahrtstechnisch gesehen erst mal nicht viel. Plötzlich ein unglaubliches Prasseln auf dem Bahnhofsdach. Draußen regnete es, nein es schüttete. Für mich eine willkommene Abwechslung. Ich ging nach außen unters Vordach, um mich mit dem geschäftigen Treiben, denn keiner der vom Regen Erwischten floh vor dem sintflutartigen Niederschlag, abzulenken. Im Gegenteil anders als in Deutschland, bewegten sich die meisten Menschen nicht viel schneller als bei Sonnenschein durch die Straßen. Unglaublich würdevoll waren diese anzuschauen und sie hatten Recht. Wenn schon nass, dann mit Stil.

Direkt vor dem Hauptgebäude befand sich ein kleiner, mit Marmorplatten verlegter Platz, der bei starkem Regen unter Wasser stand. Dort tummelten sich Jungen im Alter von schätzungsweise zehn bis siebzehn Jahren in Shorts oder Badehosen. Ihre Oberkörper waren nackt. Sie holten einen weiten Anlauf, ließen sich mit Schwung auf Brust und Bauch fallen und schlitterten, vom Wasser getragen, johlend über die Marmorplatten. Ein wunderbar anzuschauender Wettkampf. Vom Spaß beflügelte Leichtigkeit und lustiges Miteinander. Als der Regen aufhörte ging ich wieder in die Wartehalle. David war gerade dabei einige Tüten Gummibärchen an die wartenden Kinder zu verteilen. Sie kamen, erst etwas zögerlich, doch als der Damm brach, im Schwall des gleichen reißenden Stromes, wie der welcher gerade noch vom Himmel fiel, um etwas von der süßen Abwechslung zu ergattern. Höchstwahrscheinlich wird noch in fünfzig Jahren von dem geredet werden, der im Bahnhof die Gummibärchen verteilte und seltsame Späße dazu machte, denn dies war für jeden eine willkommene Abwechslung.

Langsam wurde es wieder still. Dann warteten wir wieder und warteten und warteten. Plötzlich ein lauter Knall. Vier Meter vor uns fiel eine etwa halbe Quadratmeter große Platte aus Stein von der Decke auf den Fußboden, unweit einer, an einer Säule stehenden, Gruppe von Menschen. Ständen die Leute auch nur zwei Meter weiter rechts hätte es mindestens einen von ihnen schwer getroffen. Wer jetzt aber denkt es herrschte Panik oder Aufruhr irrt gewaltig. Vermutlich handelte es sich bei den Wartenden um alte Revolutionäre, die mehr als einmal dem Tod ins Auge geblickt hatten, denn sie verzogen keine Miene, schauten kurz nach oben, besahen sich den Trümmerhaufen auf dem Boden und gingen zum Tagesgeschäft, dem Warten, über und zwar genau auf dem Platz wo sie dies begonnen hatten. Irgendwann am Abend, denn inzwischen war es draußen dunkel, kam ein Bahnbediensteter mit einem Besen, kehrte den von der Decke gefallenen Bauschutt zusammen und ging wieder seines Weges. Den Haufen räumte keiner weg. Möglicherweise wollte man auch nur warten bis die nächste Platte von der Decke fiel, um nicht mit einer nur halb beladenen Schubkarre fahren zu müssen.

Vieleicht, aber, liegt der Schutt noch heute.

Ferrocaril - Der Zug nach Santiago

Spät in der Nacht kam dann endlich auch der Zug und alle Wartenden, die bis jetzt so geduldig ausharrten, verloren plötzlich die Nerven. Obwohl jeder auf alle Fälle einen Sitzplatz erhalten würde, denn man verkaufte nur so viel Fahrscheine wie der Zug Plätze hatte, drängten die Menschen zum Einlass, als ginge es um Leben und Tod. Naja jeder Reisende hatte halt seine ganz spezielle Vorstellung auf welchem Quadratmeter im Zug er die Fahrt verbringen wollte. Von karibischer Gelassenheit keine Spur mehr! Wir schauten uns das völlig absurde Geschiebe und Gezerre aus gebührendem Abstand an und stiegen fast als letzte ein. Im Zug wurden alle wieder ruhiger. Anscheinend durch den starken Uringeruch, der sanft durch die Abteile zog, benebelt. Die Passagiere fanden ihre Plätze, nahmen sich etwas zu lesen oder versuchten, zu schlafen. Wir verabschiedeten uns noch von einem im Bahnhof kennengelernten Freund, einem kleinen Hund, der von mir ein Stück Leberwurstschnitte erhielt und uns von dem Moment an nicht mehr von der Seite wich. Danach bereiteten wir mit den Schlafsäcken das Nachtlager in unserem Abteil. Die kleine Promenadenmischung saß an der Zugtür bis wir abfuhren. Sicher waren wir die ersten, die ihn nicht getreten oder geprügelt haben, denn die meisten Straßenhunde fristen ein hartes Dasein in Havanna.

Wir machten es uns also in unserem Wagon bequem. Ich schmunzelte in mich hinein, denn mit den gleichen Wagen bin ich während meiner Ausbildung Tag für Tag gefahren – Waggonbau Görlitz – Sechserabteile durch Schiebetüren vom Gang getrennt. Ich glaube diese Wagons stammten sogar noch aus dieser Zeit. Junge, Junge wie man solche robusten Stücke so runterwirtschaften kann ist schon 'ne Leistung. Da es schon spät war, legten wir uns in unser Abteil –wir hatten eins für uns alleine, aber durch das Geholpere, die Sitze waren ausgeschlagen und die Gleise alt und abgefahren, fiel es uns schwer, ruhig zu schlafen. Gegen vier Uhr wurde ich wach und da ich nicht mehr einschlafen konnte, schrieb ich einige Postkarten und wollte noch auf die Toilette. Stromausfall. Zum Glück hatte ich eine Taschenlampe. Ich ging also den Gang entlang, um zum stillen Örtchen zu gelangen. Es war in unserem Wagen. Jetzt wusste ich auch warum der strenge Geruch im ganzen Zug nicht verschwand. Die Tür der Toilette fehlte. Irgendeiner hatte sie ausgehangen und an eine Ausgangstür gelehnt. Dort war sie nicht im Weg, weil man diese mit Draht zugeredelt hatte. Offenbar war, wie bei fünfzig Prozent der Wagontüren, das Schloss kaputt. Einigen Türen fehlte auch das Schwellenbrett, welches sich beim Öffnen anhebt. Die vielen Fenster, die sich nicht schließen ließen, störten nicht, da der Gestank durch sie hinauszog. Was auffiel war das Fehlen von Fliegen. Vieleicht ertrugen selbst die den Mief nicht.

Was beim Überqueren der Waggongrenze etwas hinderlich war, war das Fehlen einiger Zwischenbleche, welche die Wagen untereinander verbinden sollten. Ein Erwachsener musste also einen großen Schritt tun, um von einem Wagen zum anderen zu gelangen. Die Schienen einen Meter unter sich im Blick. Bei einem Kind wird das wohl erheblich schwerer. Die kleinen Hopseflöhe werden so gewiss auf das harte Leben vorbereitet. „Mit weiten Schritten dem Sozialismus entgegen."

Gegen fünf hielt der Zug irgendwo im Nirgendwo. Warum auch immer. Ich stieg aus, um mir an der frischen Luft etwas die Beine zu vertreten. Die Schaffnerin sagte mir, dass wir in fünfzehn Minuten weiterfahren würden. Also genügend Zeit ,mal ein paar Schritte um den „Block" zu gehen. Es war ein wundervoller Morgen. Die Sonne erhob sich am Horizont. Ich sah die Silhouetten der Palmen und Sträucher, Häuser und Tiere auf den Weiden. Den Bahnhof stelle man sich in etwa wie den in einem alten, noch in schwarz-weiß gedrehten, Western vor. Außerhalb einer Siedlung, klein, einsam, doch aus Stein. Dahinter beluden zwei Einheimische einen Pferdewagen mit Säcken. Den Gaul hatte man ausgeschirrt und zum Grasen etwas abseits gestellt. Er sah erbärmlich aus und war nirgends angebunden. Wenn er hätte weglaufen wollen, müsste er, so klapprig wie er aussah, erst mal ordentlich fressen. Gewiss werden die Zugtiere hier genauso behandelt wie die Hunde. Der Besitzer aber hatte genau austariert, wann das Pferd wieder kräftig genug wäre, um sich aus dem Staub zu machen.

Gerade als es agil werden wollte, schirrte er es wieder an. Gespannt beobachtete ich wie das, jetzt wieder zu Kräften gekommene, Tier mit der Last des Wagens umgehen würde. Der Kutscher motivierte das Pferd mit seiner Peitsche voranzugehen, was auch gar nicht so schlecht funktionierte. Der Wagen setzte sich langsam in Bewegung. Zum Glück war dieser gummibereift. In der Ferne tuckerte ein Traktor und ich hörte das Pfeifen einer Lokomotive. Aber das konnte doch unmöglich mein Zugsignal sein. Ich war doch erst wenige Minuten unterwegs. Ein Blick auf meine Uhr. Es war mein Zug. In Windeseile rannte ich zurück-und-tatsächlich er setzte sich langsam in Bewegung. Noch hatte ich circa zwanzig Meter bis zur Tür des letzten Wagons. Hoffentlich wird er jetzt nicht schneller. Geschafft. Neieieiein! Die Tür war verschlossen. Ich erwischte einen mit Draht gesicherten Eingang! Wenn ich jetzt nicht mehr mitkommen würde, stände ich irgendwo in der Pampa ohne Geld und ohne Papiere. Wie käme ich dann zu einer neuen Fahrkarte? Und David? Er würde aufwachen und fände mich nirgendwo im Zug. Handys hatten wir keine mit. Ich rannte, als wäre mir der Leibhaftige auf den Fersen. Noch hatte ich eine Chance, die nächste Tür zu erreichen. Aber verschlossen durfte die nicht sein! Drei, zwei, eins, zugreifen. Auf dem Trittbrett stand ich schon mal. Jetzt müsste sich nur noch die Tür öffnen. Zum Abspringen war es zu spät. Zur Not hätte ich das Risiko einer Verletzung eingehen müssen. Die Hand auf die Klinke. Eine bange Sekunde der Hoffnung. Dem Himmel sei Dank. Die Tür ließ sich ohne Probleme öffnen. Ich stieg ein, holte ein paar mal tief Luft, ging in unser Abteil und schaute auf den schlafenden Kameraden.

Total verrückt.

Die Familie des Sierra-Madre-Mannes

Bis Santiago stieg ich nicht mehr aus, sondern vertrieb mir auf dem Hauptgang unseres Waggons die Zeit mit dem Anschauen von Mensch und Natur. Eine Schwarze Frau sprach mich in gebrochenem Deutsch an.

Woher ich käme und wohin ich wolle. Ich antwortete wahrheitsgemäß und unsere Freundschaft war perfekt. Wir sollten bei ihr in Santiago übernachten. Uns war es recht, da wir ja eh keine Anlaufadresse hatten und irgendwo mussten wir ja schlafen. Sie kam nun in regelmäßigen Abständen, um sich nach unserem Wohlbefinden zu erkundigen.

Aus meinem Rucksack lugte eine auffällig gelb leuchtende Tube Sonnencreme heraus. Juliana fragte was das sei, und ob sie es benutzen dürfe. Creme um die Haut gegen UV-Strahlung zu schützen, in der Hand einer pechschwarzen Frau. Ich beließ es schmunzelnd bei Hautcreme und wurde Zeuge wie schnell man doch jemand mit so wenig glücklich machen kann. „So riecht Deutschland!" rief sie laut und mir war unwohl, denn über Sonnenmilch muss sich keiner bei mir anbiedern. Und außerdem riecht so vieleicht Henkel. „Wenn die euch erst mal in ihren Klauen haben", sagte ich zu David blickend, „seid ihr geliefert." Die Schwarze verschwand wieder glücklich und nach Henkel duftend bei ihren Leuten und bis zur nächsten Station waren wir allein. Nach einer weiteren Haltestelle bekamen wir Besuch. Ein Pulk von Menschen drängte sich durch die engen Gänge. Kurzer Blick in unser Abteil, weiter, halt, da war doch was, halber Schritt zurück. Zwei Ausländer. Na da setze ich mich doch rein. „Ist hier frei?" fragte eine europäisch Anmutende, blond Gefärbte. „Ja klar! Bitte." Wir nickten und sie winkte noch zwei Anderen, Diese kamen mit jeder Menge Gepäck und einem Vogelkäfig. „Das Abteil ist voll," ging es mir durch den Kopf. Eine von ihnen spazierte noch mal zum Fenster außerhalb unsere Kabine und rief einen Männernamen durch's geöffnete Fenster. Nach einer Weile stand ein Mann in der Tür, der uns freundlich begrüßte. Er brachte noch vier weitere große Reisetaschen und zwei ältere Herrschaften angeschleppt. Eine Frau und ein Mann. Beide etwa so um die sechzig. Jetzt, war unser Abteil voll. Unser neuer Mitreisender kam mir nicht geheuer vor. Er sah aus, wie der mexikanische Gegenspieler von Humphrey Bogart im „Schatz der Sierra Madre". Ihm fehlten nur noch ein runder Sombrero und der umgehängte Patronengurt. Aber dafür hatte er ein hübsches T-Shirt an. Grau und frontal irgendeinen albernen Werbeaufdruck aus dem Westen aufgedruckt. Haben wir damals im Osten auch gern getragen. Sei es wie es sei. Im Verlauf der Reise stellte sich heraus, dass die sechs irgendwie zusammengehörten, was sie so lange wie möglich zu verstecken suchten. Sie sprachen miteinander und lachten viel. Immer wieder sagten sie zu mir: „Du verstehst doch was wir sagen!?" Ich verneinte wahrheitsgetreu, denn mit mir musste man im Zeitlupentempo sprechen und möglichst einfache Wörter benutzen. Doch je mehr ich leugnete umso unglaubhafter wurde ich. Sollten sie halt glauben, dass ich perfekt und sogar im Dialekt der spanischen Sprache mächtig war. Vielleicht würde uns das von Nutzen sein. Der Sierra-Madre-Mann war nicht so gefährlich, aber viel lustiger, als er aussah. Sie wollten, wie wir, nach Santiago und wir reisten für die nächsten Stunden nicht allein. Was wir in Kuba wollten, woher, wohin, aber vor allem, warum gerade so? Wir gaben bereitwillig Auskunft und lachten über Dieses und Jenes. Die Rosinen die wir ihnen zum Naschen anboten, nahmen sie dankbar an, aßen den Inhalt der Tüte und warfen die leere Verpackung der süßen Näscherei aus dem offenen Abteilfenster. Genau wie das Butterbrotpapier ihrer Stullen, die leere Coladose und alles andere, was man nicht mehr mitschleppen wollte. Wir sind viel zu deutsch, um das unkommentiert zu lassen, ernteten aber nur ein fragendes Schulterzucken. Komische Leute diese Touristen. Immer aber, wenn wir die Schönheit der Insel priesen, wurde erwidert, wie banal hier doch alles sei, trist und schmutzig.

Kühe sind zum Melken da

Zehn Stunden vergingen schnell mit der überaus aufgeschlossenen Reisegesellschaft. Sehr aufgeschlossen.

Die beiden, die neben uns saßen kamen bedrohlich näher. Nun wäre das ja kein größeres Problem, denn ich glaube nicht zu übertreiben, dass sich jeder Mann, zumal er vom gängigen Schönheitsideal meilenweit entfernt ist, über den Bauch gepinselt fühlt, wenn eine Frau ihm auf die Pelle rückt. David jedoch stellte sich schlafend und das ging auch eine ganze Weile gut. Auf die Dauer wurde das jedoch nicht akzeptiert. Die Masche konnte ihn nicht lange schützen. Wie ein Kätzchen schmiegte sich Davids Banknachbarin an seine Schulter und blinzelte dabei keck den anderen zu. Schallendes Gelächter erfüllte den Raum. Es war viel zu laut um sich glaubhaft schlafend zu stellen und funktionierte natürlich nicht länger. Uwe musste aufwachen. Er spielte aufwachend erschrocken, was abermals zu Gelächter führte. Die wussten genau, dass er sich nur einen Gaudi daraus machte. Draußen auf dem Gang sammelten sich einige Fahrgäste, Erwachsene und Kinder, um sich die Freakeshow nicht entgehen zu lassen. Sie hatten riesigen Spaß dabei, denn jeder wusste, was unsere Mitreisenden im Schilde führten. Wir aber parierten die Angriffe gar trefflich, indem wir unsere daheimgebliebenen Frauen in's Spiel brachten. Das wiederum interessierte unsere Angreiferinnen nur wenig bis gar nicht. Zwei Männer auf Tour durch Kuba. Das kann sich nur um Sextourismus handeln und wie sich im Rahmen unserer gesamten Reise herausstellte, dachten das alle Frauen von uns.

Ein Beispiel. In Santa Clara in irgendeiner Straße: saß ein etwa vierzehnjähriges Mädel vor dem Haus und fragte, als wir an ihr vorbeigingen: „ Darf ich deine Freundin sein." Ich brauchte zwei, drei Schritte um das zu verarbeiten, fand mich selbst dabei peinlich berührt, weil ich genau wusste, dass das eine Anspielung auf die ganzen Sexidioten hier auf Kuba war, denn das konnte sie niemals ernst meinen. Ich schämte mich für diese Typen, ging wieder zurück und sagte dem etwa vierzehnjährigen Mädel, dass ich verheiratet sei. Sie war jetzt ebenso geplättet, wie ich vorhin, denn sie vermutete nicht, dass ich sie verstand und adäquat reagieren konnte. Wie zur Bestätigung zeigte ich ihr meinen Ehering.

Ein weiteres Beispiel. Andere Stadt, andere Straße: wir verweilten gerade und aßen leckere Kekse die selbstgebacken, am Straßenrand von einer Hobbybäckerin verkauft wurden. Uns sah, wahrscheinlich aus dem Fenster, eine Frau mittleren alters. Sie öffnete die Tür, stellt sich zwischen die Zargen und rief über die Straße zu uns herüber, ob wir Mädchen suchten. Und wie zur Bekräftigung verlor sich ihr Arm im Schatten der Türöffnung und zog ein hübsches viel zu junges Gesicht nach vorn. Das Kinn fest im Zangengriff der Mutter, schaute sie ängstlich zu uns herüber. Als wir verneinten entspannten sich ihre Gesichtszüge und die Mutter schloss enttäuscht die Tür. Auch unseren Reisebegleitungen wiederholten wir gebetsmühlenartig, dass wir gebunden wären. Was soll denn das dauernde, dämliche Gequatsche von Ehefrau und so? Deutschland ist weit und schließlich könnten wir doch unsere Frauen behalten, ja viel besser noch. Wir bekommen noch welche dazu. Erst als wir mit Nachdruck deutlich machten, dass das für uns nicht in Frage käme, änderten sie ihre Strategie. Nun fuhren sie die richtig schweren Geschütze auf. Höchstwahrscheinlich hatten sie für alle Eventualitäten vorgesorgt. Unsere Begleiter luden uns zu sich ein, um mit ihnen und einer ihrer Töchter Quince zu feiern. Ganz ohne Sex! Quince heißt fünfzehn und ist in etwa mit der deutschen Jugendweihe oder der Konfirmation zu vergleichen. Das betrifft aber nur die Mädchen. Die Jungen sind außen vor. Die Quince (gesprochen Kinnße) ist das wichtigste Ereignis im Leben einer kubanischen Frau, vieleicht wichtiger noch als die Hochzeit, denn fünfzehn wird man nur einmal im Leben. Heiraten aber werden viele hier öfter, weil die Scheidungskosten extrem niedrig sind kann man das Experiment der Ehe auch mal unbedacht eingehen.

Die Eltern müssen lange sparen, um ihrer Tochter, die an ihrem fünfzehnten Geburtstag vom Mädchen zur Frau wird, dieses Fest ermöglichen zu können. Die jungen Damen werden professionell herausgeputzt, geschminkt und prinzessinnengleich angekleidet, um dann vor angemessener Kulisse fotografiert zu werden. Diese Fotos begleiten die Mädchen ein Leben lang und bezeugen noch nach Jahrzehnten die einstige Schönheit der Abgebildeten. Vermutlich erhielten wir die Einladung, weil wir uns in den vergangenen Stunden zwar spendabel, dennoch in ihren Augen noch lange nicht abgemolken zeigten. Uns aber war es relativ egal, denn wir wollten ja Land und Leute kennen lernen und hier bot sich die einmalige Gelegenheit, dies zu tun. Unsere Reisebegleitungen fingen an unsere erste Zugbekanntschaft, die Schwarze „So-riecht-deutschland-Zeitgenossin" extrem madig zu machen, denn die hatte uns noch lange nicht aufgegeben. Sie sah in regelmäßigen Abständen in unserem Abteil vorbei, um sich nach unserem Befinden zu erkundigen. Na, uns ging es doch super bei soviel Aufmerksamkeit wie uns hier entgegengebracht wurde.

Quince

Die Masche mit der Quince hatte gesessen. Besser als der offen zur Schau gestellte Rassismus. Auf Kuba gibt es alle Hautfarben und, was man eigentlich nicht richtig glauben kann, Rassismus. Ich konnte sagen was ich will, unsere Begleiter hielten sich allesamt für bessere Menschen, obwohl alle in unserem Abteil eine andere Hautfarbe hatten, nur weil sie nicht so schwarz wie die mit Henkel gesalbte waren. Selbst ich hatte einen roteren Taint als David und ihm wäre es im Traum nicht eingefallen mich deshalb minder zu schätzen. Unsere Mitreisenden lagen durch ihre Einladung gut im Rennen. Eine Quincefeier in Santiago und wir unter den Gästen. Besser hätten wir es nicht treffen können. Auch für unsere zukünftigen Gastgeber war das wie ein Hauptgewinn im Lotto. Jetzt duldeten sie aber auch keine Konkurrenz neben sich. Die schöne Schwarze wurde eiskalt abserviert. Was genau sie ihr sagten verstanden wir nicht. Auch wehrte sie sich nicht, denn sie befand sich in der Unterzahl und ihr letzter Blick in unser Abteil ließ sie erkennen, dass sie hier keine Chance hatte.

Gern hätten wir gesehen, wenn sie im Kampf um uns etwas mehr Engagement gezeigt hätte, denn die Braut will doch erobert werden. Die Liebe zu Deutschland kann ja nicht allzu groß gewesen sein. Wir jedenfalls waren froh, dass dieses Problem so elegant für uns gelöst wurde. Ungünstig wäre natürlich, wenn die Schwarze auch noch eine Quince aus dem Hut gezaubert hätte.

Santiago en la noce

Unsere Mitreisenden wurden nun unruhig und fingen an, ihr Gepäck zu sortieren. Damit signalisierten sie uns unmissverständlich, gleich geht es los, haltet euch bereit. Also packten auch wir. Der Zug hielt an und David wurde stutzig, denn weder Großstadt noch Bahnhof sondern endlose Weite erschlossen sich unserm Blick. Wir schauten aus dem Fenster. Laut Fahrplan hätten wir noch über zwei Stunden fahren sollen. Ich ging zur Waggontür, um hinauszuschauen. Vielleicht wurde uns die Einfahrt verwehrt. Weit und breit kein Haus zu sehen. Unsere Begleiter standen schon im Sand vor der Zugtür, ich auf der Treppe und David bei der Schaffnerin. Entsetzt sprach sie auf ihn ein. Jetzt wusste er es genau. Wir waren noch lange nicht in Santiago.

In schnellen Bildern lief der Fahrkartenkauf in Havanna vor seinem geistigen Auge ab. Wie sollten wir hier an einen Fahrschein gelangen. Es war klar, auf gar keinen Fall dürften wir den Zug verlassen. Abenteuer hin, Abenteuer her. David sprang zu mir, der ich gerade dabei war meinen zweiten Fuß von der Treppe zu nehmen und zog meinen Rucksack samt Kerl wieder hoch. Und schon saßen wir im selben Abteil, welches wir gerade erst fluchtartig verlassen hatten.

Was wäre denn gewesen, wenn wir mitgelaufen wären? Zuerst dachten wir an Raub und andere schlimme Dinge, aber letztendlich hätten sie uns nur für ein paar Tage bei sich zuhause zwischengeparkt. Wir wären vor Langeweile vergangen, sie hätten uns bekocht und ein Freund der Familie hätte uns sicher mit irgendeinem Gefährt nach Santiago gebracht, höchstwahrscheinlich mit genau so einem Pferdefuhrwerk welches ich in den Morgenstunden beobachtet hatte. Dann hätten wir für alle Geld dagelassen und uns wäre sicher eine Woche verloren gegangen.

Nun hatten wir das Abteil ganz für uns. Die abservierte Schwarze ließ sich auch nicht mehr blicken und die letzten Stunden verliefen bedeutend ruhiger, was sehr angenehm war. So lange Zeit hellwach

sein zu müssen, ist anstrengend. Irgendwann, bei Kilometer irgendwo, hielt der Zug und die letzten drei Waggons wurden abgehängt.
Was wir sehr seltsam fanden: Die Hinterfront unseres letzten Wagens
blieb offen. Total irre! Alle anderen Mitreisenden zuckten nur müde
mit den Schultern. Nun kam die ausgehängte Aborttür zum Einsatz.
Einer der Schaffner stellte sie, um das Loch abzusichern, quer an dieses
und befestigte es ordentlich mit einem Bindfaden. Arbeitsschutz geht
alle an! Jetzt hatten wir eine schöne Balustrade. Soviel Mühe wollte er
sich ordentlich belohnen lassen, denn er sah die angebrochene Flasche
Havanna Club in meinem Rucksack und fragte mich, ob er wohl etwas aus der Pulle trinken dürfe. Ich erlaubte es ihm und sah zu wie
etwa fünf große gurgelnde Schlucke seine Kehle herunterliefen. Durst
ist halt doch schlimmer als Heimweh.

So fuhren wir noch etwa drei Stunden weiter und kamen nachts bei
strömendem Regen in Santiago an. Die Menschen quollen wie ein dik-
ker Lindwurm in´s Bahnhofsgebäude. Einige setzten sich auf Bänke
oder auf den Fußboden und andere, zu denen auch wir zählten, verließen den Bahnhof. Draußen warteten viele junge und alte Männer,
die uns ihre Dienste als Taxifahrer offerierten. Zum Glück hatte ich
in Deutschland vorgesorgt und die Adresse einer Familie, die Zimmer
vermietete aufgeschrieben, die wir dann zu Fuß irgendwie finden wollten. Ich geb ja zu, das klingt schon ein bisschen unausgegoren, aber kein
Mensch konnte wissen, dass wir mitten in der Nacht und bei strömendem Regen ankommen würden. Uns sprach dann auch gleich ein junger Bursche, vor einem alten Lada stehend, an und wollte wissen, ob
wir ein Taxi benötigten. Wir bejahten, wollten aber vorher wissen, was
unsere Fahrt kosten sollte und zeigten ihm die Adresse, die ich bei mir
führte. Fünfzehn Euro sagte er. Ich fing schallend an zu lachen. Einen
Versuch war's auf alle Fälle wert. Es regnete in Strömen und es war
Nacht, da ergreift den einen oder anderen doch die Panik und ließ ihn
bei so einem Angebot beherzt zugreifen. Ich wusste aber, dass, wenn
man ein offizielles Taxi benutzt, ca. einen Euro für den gefahrenen
Kilometer bezahlt. Wie gesagt- in einem offiziellen Taxi. Der Junge
ging dann auch sofort auf vier Euro runter. Das schien ein angemesse-

ner Preis. Wir setzten uns also in den mehr als dreißig Jahre alten Lada. Übrigens war es das erste Mal, dass ich in einen solchen Wagen einstieg. Meine Eltern fuhren damals Skoda und meine Schwiegereltern Trabant. Auch in meinem näheren Verwandten- und Bekanntenkreis kannte ich niemanden, der Lada fuhr. Da muss man für dieses Erlebnis also erst bis nach Lateinamerika. Das Auto jedoch, das nun vor uns stand, hatte seine besten Tage leider schon hinter sich, doch im trockenen fuhren wir bei strömenden Regen durch Santiago und keiner der Insassen, inklusive dem Fahrer, wusste wo die Reise hinging. „ Ach du Scheiße, “ sagte David, „ „der wird uns doch nicht irgendwo absetzten, abkassieren und uns unserem Schicksal überlassen?“ Wir hielten an einem Haus, der Fahrer sprang mit einem kurzen „uno momento“ aus dem Wagen und blieb für lange momentos verschwunden. Jetzt, so dachten wir, holt er die Gang, die schlagen uns windelweich, berauben uns unserer Kleidung und unseres Geldes und lassen uns blutend und zerschunden im Morast liegen. Man schaut halt viel zu viel fern.

Doch vielleicht sollten wir wirklich fliehen? Über uns der regendurchtränkte Himmel und unter uns das nasse lückenhafte Kopfsteinpflaster. Wir blieben im Auto sitzen, weil es hier so schön trocken war und hätten verdient, dass man unsere Bequemlichkeit mit Prügel bestraft. Der junge Bursche kam mit einem Älteren wieder. „Ich hab's doch geahnt“, sagte ich. „Jetzt sind wir flügge“. Doch wir konnten beruhigt sein, denn beide stiegen, übrigens, friedfertig in's Auto. Der Neue hatte einen Stadtplan und leitete den Fahrer mehr oder weniger geschickt durch das Labyrinth der Straßen. Mehrfach diskutierten sie über die beste Strecke.Ich schaute zu David rüber und unsere Blicke trafen sich. Beide fragten wir uns, ob das wohl gut gehen würde? Nach fünf Minuten deutete der Beifahrer auf ein größeres Haus und sagte, dass wir am Ziel seien. Nun, eine halben Stunde war mittlerweile vorbei, hatten wir es endlich geschafft.

Sie sind die, für sie, wirklich beste Route gefahren, denn als wir ausstiegen und bezahlt hatten sahen wir am Straßenende den Bahnhof.

Kampf der Wegwerfgesellschaft

Wir läuteten an der reich verzierten und bunt bemalten Eingangstür. Reich verziert, aus der Kolonialzeit- buntbemalt, erst vor kurzem. Ein flüchtiger Augenblick und uns wurde geöffnet, aber leider nicht vermietet. Meine Adresse war zwar richtig, jedoch aus irgendwelchen Gründen, wurde dieses Zimmer nicht vermietet. „Auch das noch". Das, was wir jetzt am wenigsten wollten war, in strömendem Regen, mitten in der Nacht, in einer fremden Stadt ein Zimmer suchen zu müssen.

Da die meisten Landsleute aber freundliche Zeitgenossen sind und wir das Glück hatten an eines dieser Exemplare geraten zu sein, führte er uns zu einer Familie, die vermieten durfte, also eine Lizenz dafür hatte, und sich natürlich über unseren nächtlichen Besuch freute. Mann und Frau in mittlerem Alter, Oma, etwa siebzig und die Tochter der beiden Erstgenannten. Sie war etwa zwölf. Uns wurde die Wohnung gezeigt. Die Tochter schaute fern. Die Oma werkelte noch in der Küche, stand am Herd und bereitete sicher das Essen für den kommenden Tag vor. Also etwa wie bei uns. Der Hinterhof, auf den wir geführt wurden war klein. Es war finster und man konnte kaum die Hand vor den Augen erkennen. Mercedes, wie im „Graf von Monte Christo", hieß unsere Hausherrin, führte uns in unsere Wohnung. Wir waren angenehm überrascht. Zwei selbstgezimmerte Betten, Toilette und Dusche, was will man mehr? Man duscht, putzt sich die Zähne und geht schlafen. Ich hatte beim Knobeln gewonnen und durfte im größeren der beiden Betten schlafen. Ab diesem Abend losten David und ich immer, wenn wir ein neues Zimmer bezogen um das größere der beiden Betten und was soll ich sagen für den Rest des Urlaubs hatte ich beim Nachtschlaf immer richtig viel Platz.

Am nächsten Morgen erwachte ich früher als David und ging auf den Hof, um mich umzuschauen. Eine Sitzecke für die Mieter, rustikale Steinplatten an Wänden und auf den Fußboden appliziert, Eisenstühle, Eisentisch, der Rost fraß sich durch die weiße Farbe.

An der Mauer eine alte Holztreppe, ziemlich stabil. Ich ging auf's Flachdach und schaute über die Stadt, die in ihrer, in leichten Nebel gehüllten, Schönheit gerade dabei war, zu erwachen. Türme, Geräusche, Gerüche, ich genoss die frische Brise. Hinter den Dächern zeigte sich die Sonne am Horizont. Eine Mutter schimpfte mit ihrem Kind, irgendwo lautes Lachen, Musik. Auf dem Dach ein Taubenschlag, alte Möbel, Baumaterial. Ein Mischling aus Labrador und Bernhardiner begleitete mich. Er verhielt sich friedlich, ich traute mich ihn zu streicheln und wir schlossen einen Nichtangriffspackt. Als wir, die Treppe runter trottend, wieder auf dem Hof standen, hatte David schon das Frühstück bereitet. Wieder gab es einen, in Butterbrot gewickelten Block Irgendetwas. Es sah ein bisschen aus wie Blutwurst oder rohe Leber.

Wir hatten es vor einigen Tagen, für umgerechnet sieben Cent, von einer, an der Straße sitzenden, Frau gekauft. Sie versicherte uns, dass es nichts von beidem sei, sondern etwas Süßes. Das war es dann auch. Es schmeckte ein bisschen wie Fruchtschnitte nur viel, viel süßer, sah aber nach unserer Reise nicht mehr ganz so taufrisch aus. Der Hund schnüffelte daran, dann an meiner Hand, gab mir mit seiner Nase einen feuchten Stups an's Knie und verschwand so lautlos, wie er gekommen war durch den Eingang zum „Herrenhaus." Übrigens, an dem Block süßen Etwas aß David ganze zehn Tage. Werfen halt äußerst ungern was weg, der David und ich.

Operieren leicht gemacht

Draußen rief eine kräftige Männerstimme, dass er Brot zu verkaufen hätte. Er schob seinen Fahrrad-Bäckerladen am frühen Morgen durch die Straßen und bot leckeres Weißbrot feil. Ich dagegen aß meine Haferflocken mit Wasser und etwas Fruchtschnittenersatz. Hier hatte ich mich gründlich verkalkuliert, ein wunderbares Frühstück halb zehn in Deutschland, sind Haferflocken, ein paar Rosinen und kalte Milch. Dies, so dachte ich, könnte ich auf Kuba auch so halten. Nur leider, gibt es auf Kuba für Ausländer keine Milch zu kaufen. Also Haferflocken, die Rosinen hatte ich leider verschenkt, und statt Milch nur lauwarmes Leitungswasser. Als wir gegessen hatten kam Mercedes, um sich nach unserem Wohlbefinden und unseren Brieftaschen zu erkundigen. Normalerweise kostet ein Zimmer mit zwei Betten zwanzig Euro pro Nacht. Mercedes wollte dreißig. Ich versuchte zu handeln, aber Mercedes mochte das nicht so sehr. Sie schaute mich an, als würde sie in einen Kinderwagen blicken, spitzte ihren Mund und sagte so etwas Ähnliches wie „Buschibuschibuschi du kleiner dummer Trottel, was glaubst du denn, was das alles hier gekostet hat? Ihr habt jede Menge Schotter, seid geizig und gönnt uns nicht das Schwarze unter den Fingernägeln?" Natürlich hatte sie das nicht so gesagt, aber es hätte sein können und ein bisschen klang es so. Das war mein erster und letzter Versuch, bei der Übernachtung zu handeln. Wir bezahlten unsere Tage im Voraus. Mercedes ging und ich flitzte in´s Zimmer um schnell meine Börse in den Rucksack zu stecken, weil meine Haferflocken, wenn schon nicht mit Milch verfeinert, wenigstens nicht schleimig seien sollten. Der alte Spruch aber, dass langsamer oft schneller sei, bewahrheitete sich einmal mehr, denn ich stieß mein Bein mit voller Wucht gegen das Bett. Es war, wie ich bereits sagte, selbst zusammen gezimmert und sein Erbauer, hatte einen Nagel so durchgeschlagen, dass er vorn aus dem Holz lugte. Die Spitze stand ca. einen Centimeter raus und fungierte als Vorschneider, mit voller Wucht also knallte mein Schienbein gegen den Nagel, die

Kante des Bettpfosten und plötzlich hatte ich ein Problem. Das war ungefähr fünf Quadratzentimeter groß und einen Zentimeter tief, ein Fleischlappen klaffte, es floss wenig Blut. Die Wunde war zu tief. Das fehlte mir gerade noch. Zum Glück hatte ich Handdesinfektion dabei und spritzte dieses gleich über die Wunde, es brannte fürchterlich. Der Schmerz aber war mir lieber, als irgendeine Entzündung, denn vor einigen Jahren wurde mir eine Niere transplantiert. Bis dahin war ich seit meinem vierundzwanzigstem Lebensjahr Dialysepatient und nahm zu dieser Zeit jede Menge Imunsupresiva, die eine Abstoßung des Organs verhindern sollten. Jetzt aber klaffte noch immer das Adventskalendertürchen aus Fleisch. „Das wächst doch nie wieder richtig an", dachte ich bei mir. Wildes Fleisch wollte ich auch nicht. Dann schon eher ein Loch im Bein. Mein Körper würde sich später schon seiner annehmen. Ich nahm mir also eine Rasierklinge, die Älteren unter den Lesern wissen noch was das ist, ein Stück messerscharfen Stahls , das man in einen Apparat gibt um sich die Stoppeln aus dem Gesicht zu kratzen. Preiswert und gut. Heute dagegen kauft man MACH 30 oder Supervision 27. Nur gut, dass ich mich beim Rasieren nicht auf diese Experimente eingelassen habe, sonst hätte ich mich nicht selbst operieren können. Ich also nahm die ebenfalls mit Händedesnfektion steril gemachte Klinge und schnitt das Fleischtürchen einfach ab. Im selben Moment ging Mercedes mit einigen Formularen an unserer offenen Zimmertür vorüber und hielt entsetzt die Hände vor ihren geöffneten Mund. Ich deutete ihr, dass das nicht so schlimm wäre, was ich selbst auch innbrünstig hoffte. „In Amerika machen diejenigen ohne Krankenversicherung das alle so." Sicher hielt sie mich jetzt für 'nen ganz harten Typen. Der zweite harte Typ, David, hat mal irgendwo gehört, dass die Enzyme im Speichel heilen sollen. Ich hab mich dann aber doch für Desinfektionsmittel entschieden.

Anmachen

In der Stadt unterwegs, wurden wir von den verschiedensten Menschen immer und immer wieder angesprochen. Sie machten beharrlich die verschiedensten Offerten und für David und mich war es schwierig, diese immer wieder ablehnen zu müssen. Nicht auf alle angebotenen Gespräche zu reagieren, war sehr schwer. Irgendwann erstellten wir mal eine Top-Ten-Liste, wie wir so angesprochen wurden.

Ganz oben rangierte die Frage nach einem Taxi, was ja auch nicht immer unberechtigt war, sind wir doch Touristen, klar und deutlich als Männer zu erkennen und höchstwahrscheinlich gelten die auf Kuba als besonders faul. Die meisten Taxen waren auf den ersten Blick nicht als solche zu erkennen.

Kombimodelle der Oldtimer. Es gingen in etwa zehn Personen rein und das Kraftfahrzeug bewegte sich keinen Millimeter von der Stelle bevor nicht der letzte Platz vergeben war. Wenn das jeweilige Auto voll war gab der Fahrer dem Akquisitor, der die Kunden für ihn besorgte, die Marsche und brachte seine Gäste an ′s Ziel.

Aber wir wollten die Innenstädte mit allen Ecken und Kanten per pedes entdecken. Das war uns wichtig. Unsere Füße sollten die ersten Touristenfüße sein die an die verschiedensten Ecken vorstießen, naja ...

Als nächsthäufigste Anrede hörten wir" Hallo my Friend!" fast ausschließlich von Männern und das passte ja auch, denn Freunde waren wir ja. Die Hallo-my-Friend-Typen wollten aber in den wenigsten Fällen Bindungen für′s Leben, sondern ganz profane kurzfristige Handelsfreundschaften. Und schon sind wir beim Nächsten: „Chica?" Ist Spanisch und heißt Mädchen. Die wurden uns von allen angeboten. Opas, Omas, Eltern, Tanten, ja von den Chicas selbst. Die Verwunderung war selbstverständlich groß, als wir, konsequenter Weise, die angebotenen Begleitungen ablehnten. Anscheinend konnte sich niemand vorstellen, dass zwei Männer aus Deutschland nicht wegen der Mädchen auf Kuba unterwegs waren. Komische Typen, diese Deutschen! Aber sie rauchen bestimmt, oder mindestens kennen sie jemanden der raucht. Cohiba? Montechisto? Das war die viert häufigste Anmache auf den Straßen. Wenn ich mir vorstelle, wie viel gute Havanna Zigarren in den Häusern und Hinterhöfen gedreht und verkauft werden, wird mir ganz schwindlig. Oder sind es doch nur Bananenblätter? Egal, die einen qualmen wie die anderen. Und die wenigsten Käufer schmecken einen Unterschied heraus. Meistens wechseln sie sowieso als Mitbringsel den Besitzer, werden oft nach Jahren aus einer Schublade gekramt und halb besoffen aufgeraucht. Die Verpackung muss halt stimmen.

Dem Rum gegenüber waren wir aufgeschlossener. Einmal fragte uns ein junger Typ danach! Wir bejahten, er möge uns doch zwei Flaschen verkaufen. Wir dachten er hätte sie dabei, doch da sprintete er auch schon mit seinem Fahrrad davon. Wir sollten warten, was wir auch taten. Eine halbe Stunde, dann war er wieder da und wunderte sich selbst, dass er uns noch an Ort und Stelle vorfand, aber versprochen ist versprochen und wird nicht gebrochen. In einem Beutel klapperten zwei Flaschen Rum, irgendein Fusel, den er bestimmt billig in einem Laden erstanden hatte und uns für fünf Euro pro Flasche anbot. Für

diesen Preis hätten wir uns zwei Flaschen Havanna Club kaufen können, aber schließlich ist er ja auch für uns unterwegs gewesen und das
sollte sein Schaden nicht sein. Uns wurde dann auch mehrmals enthu-
siastisch bestätigt, dass wir gute Menschen seinen, also, eher Dumme!

„Where do you come from?" der Klassiker, um den Einstieg zu haben. „Vivo en Aleman" Ah... „Frankfurt, Berlin, München. Mein
Bruder, Tante, Oma... lebt in Frankfurt."

„Hast du ein Dollar für mich?" Einfach nur nervig.

Da find ich doch: „Ah Aleman? Alles Klar? Alles Palletti?" viel wit-
ziger, begleitet von einem sympathischen Lächeln im Vorbeigehen
oder hinter der Ladentheke, in der Schlange wo man gemeinsam an-
steht, oder aus einem Fenster heraus.

„One Peso? One Dollar?" Aber diese Situation hatten wir bei Zeiten
raus... wenn wir irgendwo einen Zwischenstopp einlegten, um etwas
zu essen, merkten wir ziemlich schnell, wenn uns jemand anbetteln
wollte. Ein oder zwei Leute hielten sich etwa 10 Meter entfernt von
uns auf, umkreisten uns, zogen die Zirkel enger und stießen zu. Es tut
einem ja auch leid, diese bittenden Augen zu sehen, aber hätten wir
jedem der uns danach fragte einen Euro gegeben, wir wären nach 5
Tagen pleite gewesen. Außerdem, derjenige, der den ganzen Tag bei 40
Grad den Stadtpark mähte, fragte nicht nach Geld, dem hätten wir die
Euros geben müssen. Das Unverfrorenste war, eine in einen knallroten
Overall gekleidete und sehr an Gianna Nannini erinnernde Frau mit
rotem Cowboyhut. Sie fragte uns nach unserer Staatszugehörigkeit
und holte dann den passenden Zettel, also Deutschgeschriebenes, aus
ihrer Tasche. Die englischen, italienischen, russischen, oder japani-
schen ließ sie drinnen und reichte mir den, der für uns bestimmt war.
Dort las ich, sie hätte einen großen Tumor im Kopf und müsse drin-
gend operiert werden. Ich schob ihr die Botschaft freundlich zurück
und sagte, dass doch auf Kuba die medizinische Versorgung kostenlos
sei. Sie machte ein verdutztes Gesicht. Nur gut dass wir mal drüber
geredet haben. Ich fragte sie, ob viele Kubaner nicht wissen, dass sie
beim Arzt nicht bezahlen brauchen und sie solle es doch allen weiter
erzählen. Dankbar für die Information verabschiedete sie sich von uns
und ging weiter. Wir sahen sie dann später bei einem älteren Ehepaar

stehen. Höchstwahrscheinlich beeinflusste der Tumor schon ihr Gedächtnis, und das Ehepaar wusste nichts über die medizinische Grundversorgung in diesem Land, denn sie gaben ihr Geld!

Ein Anderer wiederum stellte es überaus geschickt an, uns etwas Geld aus der Tasche zu ziehen. Freundlich fing er an, uns den Malecon zu erklären und weil er eine Uniform trug, es war ein Polizist, hörten wir uns all die Dinge, die wir schon aus dem Reiseführer kannten in sehr holprigem Deutsch an. Er sagte uns, dass er gerne üben wolle. Ich wusste ja aus eigener Erfahrung, dass, wenn man eine Fremdsprache lernt, diese auch anwenden muss. Also ließen wir ihn gewähren und gaben ihm den erbetenen Peso. Schließlich hatte er ja eine Dienstleistung erbracht.

Polska

Irgendwie hatten wir keine Lust mehr angesprochen zu werden, wollten aber auch nicht unhöflich wirken. David hatte eine glänzende Idee. „Wir sagen allen die uns danach fragten, wir seien Polen", denn weil so wenig polnische Touristen auf der Insel Urlaub machen lohnt sich höchstwahrscheinlich der Aufwand diese Sprache zu lernen nicht. Vor ein paar Jahren arbeitete David mit einigen Polen zusammen und konnte einige auswendig gelernte Sätze in dieser Sprache reden. Mit meinen zwei Sätzen: Was der Teufel nicht kann, kann das Weib. und: Nimm die Tasche und hol Bier, sollte das gelingen. Leider funktionierte das nur ganze fünf Minuten. Wir vergaßen unseren eigenen Plan. Sind halt auch keine siebzehn mehr. Um eine Pause zu machen saßen wir im Schatten einer Palme auf einer Bank, verziertes Gusseisen und alt, sehr alt. Zu uns gesellte sich ein alter Haudegen, so um die sechzig Lenze, schwarz, verschwitzt, kurz geschorenes Haar, kariertes Arbeitshemd und lachendes Gesicht. Ich reagierte nicht. David sollte das regeln, was er auch tat und zwar mit Bravur. Das mit Polen hatten wir ja leider im ersten Anlauf vergessen und David sprach deutsch. In kurzen Sätzen versuche ich hier den Monolog, den David bewusst sehr verwirrend hielt, er wollte unseren Gast keine Ansatzmöglichkeit für die Aufnahme eines Dialoges bieten, wiederzugeben: „ Unsere Familie war politisch verfolgt. Meine Eltern haben dann die Ausreise aus Polen in die DDR beantragt." Schade, dass David vergaß, dass er nicht deutsch reden wollte und als ich ihn mit dem einzigen polnischen Satz, den ich sprechen konnte, daran erinnerte, schwenkte er um." Damals war das DDR heute ist das BRD. Verstehst du?" Er verstand kein Wort, aber grinste David vielsagend an. „Da uns das mit der Einreise zu lange gedauert hat, sind wir über die Mauer geklettert, also in die DDR rein. Dann haben wir die Botschaft mit besetzt. Genscher kam. Der hat dann gesagt wir sind frei und deshalb war ich nicht allzu lange in Polen. Den Rest kennste ja selber." Davids deutsche Ansprache und Polen, das er erneut in´s Spiel brachte verwirrte nicht nur unseren kubanischen Banknachbarn, sondern auch mich. Höchstwahrscheinlich ein Geistesblitz, der mir signalisieren sollte: Ich bin wieder voll im Bilde. „Ihr habt hier ja auch Sozialismus." Irgendwie reichte es und Davids Gesprächspartner ging lachend und den Kopf schüttelnd von dannen. Eins zu null für meinen sprachgewandten Kameraden. Kaum zwei Minuten saßen wir allein, da gesellte sich auch schon der nächste Zeitgenosse zu uns. Er hatte Hunger und ich gab dem kubanischen Arbeiter, er trug einen Blaumann, die Leberwurststulle, die ich mir am Morgen für den Tag fertiggemacht hatte. Leider spielte er den größten Teil des Gespräches damit herum. Mir tat die Stulle leid, denn ich hatte selber Hunger. Frag ihn doch mal, flüsterte ich, ob es ihm schmeckt, denn ich wollte ihn ganz subtil an die Brotschnitte erinnern. „Smakuje dobsche?" fragte David in einwandfreiem polnisch und klopfte sich dabei beherzt auf den Bauch, um der Frage mit dieser Geste Wichtigkeit zu verleihen. Jetzt wollten wir wahrhaft Polen seien. „Da" antwortete unser neuer Freund. Was für eine Freude, unser alter Haudegen war früher als Gastarbeiter in Polen. Hoffentlich war das vor so langer Zeit, dass ihm nicht mehr soviele Vokabeln einfielen. Er sprach David mit einem polnischen Satz an. David parierte mit einem unserer Sätze. Der Kubaner schoss zurück, David wehrte ab und entgegnete. So ging das eine ganze Weile hin und her und ich kann sagen, David blieb Sieger. Er hatte einen Satz mehr in petto als sein Gegenüber. Zum Glück kam uns eine Gärtnerin, welche den Park pflegte, zu Hilfe. Wir kümmerten uns nicht mehr um unseren Banknachbarn.

Ich fragte sie, ob sie alleine die ganze Arbeit zu bewältigen hatte, was sie bejahte. Ein bisschen hin- und her-Geplänkel, sie fragte nach unseren Namen und wir nach ihrem. Sie hieße Mary Lou. Wir sangen o, o, hello Mary Lou... Alle lachten, wir schüttelten die Hände und gingen unserer Wege. Praktizierte Völkerfreundschaft und eine wirklich nette Bekanntschaft.

Bobby Fischer

Am nächsten Tag, wir waren auf dem Weg zum Bahnhof, um Fahrkarten zu kaufen, sprach uns ein Mann mittleren Alters an. Er wolle uns helfen und fragte, was wir denn suchen. Da wir freundliche Mitmenschen sind, erklärten wir ihm, obwohl wir wussten wo sich der Bahnhof befand, dass wir genau denselben zu erreichen gedachten. Super, wir hatten einen neuen Führer. Sein Name war Corsario. Ich erkannte dieses Zeichen sofort, denn in Deutschland fuhr ich einen Opel Corsa und mit dem hatte ich nie ein Problem. Warum sollte das mit einem Scout namens Corsario anders sein? Er führte uns zum Bahnhof. Natürlich nicht auf direkten Weg. Corsario wolle uns noch jemandem vorstellen. Sofort läuteten bei uns alle Alarmglocken. Noch befanden wir uns unter Menschen. Gerade überholten uns zwei schwarze Uniformierte auf ihren Fahrrädern. Uns entgegen kam eine junge Frau mit einem Kind im Arm. Hinter uns sangen Jungpioniere ein Lied. Ein Vater mit seinen zwei Kindern überholte uns auf einem „Mehrpersonenfahrrad". Dieses Fahrrad besitzt einen Kindersattel vorne auf der Querstange, darauf saß ein etwa sechsjähriges Mädel, und ein Brett auf dem Gepäckträger. Dort fühlte sich ein wenige Jahre älterer Junge wohl. Manchmal sind auf solchen Transportern auch Bretter auf der Querstange. Dort sitzt dann Freundin, Oma oder wer auch immer. Wir versicherten Corsario, dass wir keinerlei Interesse an Zigarren, Rum und Mädchen hätten und eigent-

lich nur zum Bahnhof wollten. Das verstehe er gut und er bringe uns auch gleich dorthin, wolle uns aber nur seinen Eltern vorstellen. Da wir höflich sind und nie richtig Zeitdruck hatten gingen wir mit. Auf dem Weg zu Mama und Papa erfuhren wir, dass unser neuer Freund ein berühmter Schachgroßmeister gewesen sei und für seine internationalen Erfolge von Fidel Castro ein Haus geschenkt bekommen habe. Er lebte auch ein paar Jahre in der DDR, was wiederum die Schachweltmeistergeschichte unglaubwürdig erscheinen ließ.

Vorbei an einem zugemüllten Rinnsal. Eine Querstraße rechts und schon waren wir da, standen vor einer ziemlich mitgenommenen Fassade. Der alte Glanz der Kolonialzeit war ihr durchaus noch anzusehen. Doch die Zeit lässt sich halt auch auf Kuba nicht überlisten. Über den Fenstern geschwungene Stuckarbeiten und die Sohlbänke waren verziert. Vor den Fenstern, die tagsüber mit großen Läden verschlossen blieben, befanden sich wunderschön, mit Schmiedeeisen verzierte Gitter. Der Putz bröckelte von der Fassade, der Rost nagte am Metall und beides rundete das Bild mit diesen verträumten Akzenten ab. Die Haustür knallrot. Sind halt farbenfroh die Kubaner.

Uns im Schlepptau, wirbelte Corsario zu seinen Eltern rein. Mama wurde umarmt und geküsst. Papa wurde umarmt und geküsst. Wir schüttelten freundlich die Hände und standen, bis unser Begleiter die seltsame Situation aufklärte, unsicher an der Tür. Es war ein schönes Zimmer, in dem wir standen. Auch hier alles in Rot gehalten. Die Wände pastellfarben und die Vorhänge etwas kräftiger. Die Behänge waren nur Accessoires, denn das Zimmer hatte ja Läden. Der Fußboden aus Stein, Terrazzomosaik oder ähnliches. Spartanisch eingerichtet. Ein Tisch, zwei kleine Sideboards, um die Jahrhundertwende gebaut und gut erhalten oder restauriert. Am Tisch, der sehr wuchtig wirkte, standen vier, dazu passende, ebenso wuchtige, Stühle aus dunklem Holz. Auf den Sitzflächen lagen bunte Kissen. Neben dem rechten Fenster stand ein mit Büchern gefülltes Regal und neben dem linken ein Schaukelstuhl.

Sohn und Eltern wechselten einige Worte, die ich nicht verstand, dann ging es weiter, zum Bahnhof.

Aber vorher sollten wir noch seine Frau kennenlernen und Fidel Castros Haus besichtigen. Wir überquerten die Straße. Neben uns rief ein etwa Fünfjähriger zu seiner Mutter „Mama, Mama schau mal Italiener!", denn wir gingen mit Sonnenbrille, sahen fremdländisch aus und das wird sicherlich mit Mafia, also Italien gleichgesetzt. Als die Mutter uns sah und erkannte, dass sich ihr kleiner Sohn geirrt hatte, lächelte sie und erklärte ihrem Kind die Welt.

Von hinten rollte ein riesiger LKW an uns heran. Der Transporter war ein russischer ZIL. Auf der Ladefläche waren links und rechts Bänke befestigt auf denen fünf Frauen und zwei Männer saßen. Oben wedelte der Fahrtwind lustig eine gelbe Plane, die als Sonnensegel diente, hin und her.

Das Fahrerhaus leuchtete armeegrün. Es roch nach verbranntem Diesel und ausgelaufenem Öl. Irgendwie mochte ich diese Gerüche. Sie erinnerten mich an den Traktor der die Strohballen am Förderband abkippte, wieder abtuckerte und wir, Ferienarbeiter und LPG-Frauen, diese dann in die Scheune beförderten. Es war eine schöne Arbeit. Die

Frauen scherzten, wir griffen die Späße auf und so verging die Zeit wie im Flug. Heute in der einen Scheune, morgen in einer zweiten und Übermorgen wieder in einer anderen.

Aber weiter ging es durch diese so zauberhaft abgewirtschaftete Stadt. Auf der anderen Straßenseite standen zwei Männer an eine, ehemals blau getünchte, Wand, gelehnt. Farbfetzen ließen den Erstanstrich gerade noch erahnen. Jeder von ihnen hielt einen Einkaufsbeutel in der Hand. Sie waren in ein Gespräch vertieft. Ein dritter kam hinzu. Alle begrüßten sich freundlich lachend und gingen in die, nur wenige Meter entfernte, Bar. Diese Eckkneipen sind einfach gehalten. Ein zur Straße hin einseitig offener Raum, ein Tresen aus glatt poliertem Holz, an der Wand hinter dem Barmann alte Jonny Walker Werbeschilder und Che Guevara als schwarzes Schattenbild auf einem Poster. Hier ticken die Uhren anders... lento, lento. Es ist eher unwahrscheinlich, dass hier auf Cuba auch nur ein Mensch an einem Herzinfarkt stirbt. Plötzlich ein lauter Knall. Wir drehten uns um und sahen, dass ein etwa fünfzig Jahre alter Oldtimer gegen einen Masten gefahren war. Sofort gingen wir über die Kreuzung, um zu schauen ob der Fahrer auch unversehrt sei und fragten, ob wir vielleicht helfen können. Übrigens waren wir die einzigen, die Interesse an diesem Vorfall zeigten. Offensichtlich passiert hier so etwas öfter? Der Fahrer stieg aus, rieb sich den Ellenbogen und erklärte, dass seine Bremsen nicht funktionierten.Als ich in meiner Kindheit noch nicht richtig vom Fahrrad absteigen konnte habe ich es genauso gemacht. Allerdings fuhr ich nicht gegen einen Masten sondern in hohes Gras.

Der durch den Mast gebremste ging in die Bar, ließ den Barkeeper eine Flasche Fusel abfüllen und fragte uns, ob wir ihm nicht helfen könnten den Wagen vom Mast wegzuschieben. Mit vereinter Kraft bugsierten wir also das schwere Gefährt, die Stoßstange hatte glücklicher Weise nur eine kleine Delle, ein paar Meter zurück. Unser Schachweltmeister sah keinerlei Veranlassung mit anzupacken. Der Fahrer bedankte sich mit einem Schluck aus der Pulle, genehmigte sich selbst noch einen, schaltete den Motor an und fuhr weiter. Wir bogen in eine Seitenstraße ein. Der Charme der angekratzten Stadt hielt uns gefangen. Drei kleine Mädchen wurden von ihren Müttern angehalten uns ein paar besonders hübsche Blüten einer Blume zu schenken. Wir schenkten ihnen Kaugummi.

Mittelschicht-Häuser Anfang des neunzehnten Jahrhunderts gebaut, zeugten vom einstigen Glanz dieser Vorstadt. Hohe Fenster, die Farbe blätterte an vielen Stellen ab, Balkone, schmiedeeiserne Geländer total verrostet, schön. Die Wäscheleine vollgehangen zeigte uns, dass man hier lebt. Ebenso wie die vielen Grünpflanzen. Auf einem Balkon stand ein Mangobäumchen. Daneben in zwei verrostete Schraubenkästen eingetopfte Tomatenpflanzen. Alles wird irgendwie genutzt. Schön, das Pendent zu unserer Wegwerfgesellschaft.

Im Haus des Großmeisters

Aber endlich waren wir am Haus des Schachgenies angekommen. Obwohl, sind nicht immer die Russen die weltbesten Spieler gewesen? Wie dem auch sei. Wir standen vor dem Haus des Großmeisters, das von außen wenig großmeisterlich wirkte. Nicht sehr lang, so um die acht Meter, dafür hatte es mehrere Etagen. Die Erste erreichten wir, und das war gleichzeitig der Haupteingang, über eine sehr schmale, steile Treppe. Wie hier jemand Möbel hochtransportieren wolle war uns ein Rätsel. Höchstwahrscheinlich wurde alles oben zusammengebaut. Wir blickten in's Schlafzimmer. An einer Stange hingen Kleidungsstücke, ordentlich aufgereiht. Das Zimmer sahen wir von der Wohnküche aus, denn es waren noch keine Innentüren vorhanden. Der Putz fehlte. Wir befanden uns auf einer Baustelle. Die Dusche halb fertig, höchstwahrscheinlich waren die Fliesen aus.

Zwanzig Jahre zurück, 1988, an die Wiedervereinigung war nicht zu denken, war auch ich ein Häuslebauer. Der Rohbau war noch ziemlich unproblematisch, wie hier sicher auch. Alles sah so ein bisschen improvisiert aus, genau wie in diesem Haus und ich hatte wieder meinen Arbeitskollegen im Ohr, der mir damals erzählte wie er Kacheln für sein Bad erhalten hatte. Ich denk mal das funktioniert hier ähnlich. Er bekam, wie jeder Häuslebauer in der DDR, für seine Bad- und Küchenfliesen einen Freigabeschein, für ein paar Quadratmeter Fliesen. Diese konnte er dann, falls vorhanden, in der BHG (Bäuerliche Handelsgenossenschaft) käuflich erwerben. Immer aber, wenn mein Arbeitskollege nach Fliesen fragte, waren keine vorhanden. Bis er eines Tages fünf Westmark auf den Tresen legte. Der freundliche ältere Angestellte, der in den letzten Wochen eher kränklich wirkte und schon am Stock ging, warf denselben, als er das Geld auf dem Ladentisch liegen sah, im hohen Bogen von sich und sprang, wie der von Jesus geheilte Lazarus, um den Tresen herum, um meinen Arbeitskollegen hinter sich her zu ziehen. Er schleppte ihn in eine Halle, vorbei an Dingen die des Bauherren Herz höher schlagen ließen.

Haustüren, Zement, Styropor. Mein Arbeitskollege hatte Tränen in den Augen. Und dann, er glaubte es kaum, erhoben sie sich vor ihnen. Durch ein Fenster in goldenes Licht gehüllt standen fünf verschiedene Stapel Wand- und Fußbodenfliesen. Im Traum hätte es nicht schöner sein können. Als die Mauer fiel kam mir genau diese Geschichte in den Sinn. Der 9.11.1989 war ein Donnerstag. Meine Frau und ich saßen vor dem Fernsehgerät, schauten Nachrichten und konnten nicht fassen was geschah. „Rita", sagte ich, „Wir müssen morgen früh so zeitig wie möglich nach Westberlin fahren, um das Begrüßungsgeld zu holen. Wir brauchen das für´s Bauen. Die machen doch die Grenze wieder dicht." Also fuhren wir so gegen vier Uhr mit unserem Trabant Richtung Berlin und da die Heizung des Autos nicht funktionierte hatte jeder von uns eine Wärmflasche zwischen den Beinen. Als wir auf die Autobahn auffuhren, glaubten wir unseren Augen nicht zu trauen. Soweit das Auge reichte sahen wir rote Rückleuchten - es war unglaublich. Die hatten mit ihren einhundert Mark Begrüßungsgeld ein ganzes Volk verrückt gemacht und auf die Straßen gebracht.

Aber zurück auf unsere kubanische Baustelle. Die Dusche halbfertig, einen Spültrog vorbereitet, das Becken fehlte. Betten, Stühle, Tisch, Laufstall für das Baby, Kinderwagen, Bücherregal, Stehlampe. Alles mehr oder weniger zusammengewürfelt. Um mich herum schwänzelte ein Hund, irgendeine Promenadenmischung. Er schnupperte an meinem verwundeten Bein, ein Pflaster zu kaufen war hier aussichtslos und beim Packen hatte leider keiner von uns zweien daran gedacht. Der Hund roch das Blut meiner Wunde. Ich stieß ihn immer und immer wieder mit dem Fuß weg. Wer weiß, was der Köter mir für´ne Krankheit in die Blessur reinbringt. Unser Begleiter suchte derweil nach Weib und Kind. Auf der Dachetage fanden wir die junge Frau und das Baby. Der Schachspieler stellte uns vor und wir gaben artig die Hand. Etwa achtzehn Jahre alt mit einem ca. zwanzig Jahre älteren Typen verheiratet, ein Baby, auf dem Dach mit der Wäsche beschäftigt und der Ehemann schleppt zwei Ausländer an. Ich muss sagen Nuria, das war ihr Name, hatte, obwohl sehr verstört, die Contenance bewahrt. Zu allem Unglück lud uns ihr Ehemann auch noch zum Abendessen ein, aber das wollten wir seiner Ehefrau nicht antun. Ihr fuhr der Schreck in alle Glieder. Obwohl, wenn wir die Einladung angenommen hätten, wäre es für die kleine Familie nicht zum Schaden gewesen, weil wir dann irgendwie doch Geld dagelassen hätten. Entweder im Vorfeld, um Nahrungsmittel zu kaufen, oder hinterher, als Dankeschön. Doch jetzt war auch schon die Führung beendet. Wir wollten gehen und schwupps, einen Augenblick nicht aufgepasst, da hat mir doch der verfluchte Köter über die Wunde am Bein geleckt. David hatte gut lachen, denn nun musste ich seine Speicheltheorie austesten. Ob das auch für Hundesabber gilt? Wir wussten es nicht. Auf alle Fälle brachte uns unser neuer Freund dann doch noch zum Bahnhof. Ich schenkte ihm drei Kugelschreiber und eine Tüte von meinen Haferflocken. Natürlich habe ich ihm auch erklärt wie man dieses wunderbare Nahrungsmittel zubereiten kann. Er war nicht sonderlich begeistert. Aber der Großmeister im Schach wäre kein Großmeister, wenn ihm nicht noch etwas einfallen würde, um uns finanziell zu erleichtern. Es wäre doch bald Muttertag und die Mütter sind auf Kuba heilig. Das hatte ich ja schon zu Hause beim Gesprächstraining erfahren. Also freute ich mich über den Muttertag und seine Mutter, die wir ja schon persönlich kennengelernt hatten und betonte noch einmal ausdrücklich, dass er diese doch recht herzlich von uns grüßen möge. Doch er wollte nicht grüßen sondern vier CUC, (4,- €) um ihr ein Geschenk zu kaufen. Freundlich lehnten wir ab, daraufhin wurde die Stimmung frostig und wir trennten uns.

Helms-Byrten-Gesetz

Nun also gingen wir erst einmal, nachdem uns unser Ex-Scout alleine gelassen hatte, in Richtung Hafen, immer mit dem Blick für's Skurrile.

Lange brauchte man ja hier nicht zu suchen, denn wer mit offenen Augen durch die Straßen geht dem fällt sogleich das Stromtransportsystem auf. Die Holzmasten stehen schief und an ihnen befindet sich ein Gewirr von Drähten.

Fast alle hingen, durch und manch einer war, mehr als es ihm gut tat, straffgezurrt. Von jedem Mast führte, in alle Himmelsrichtungen, ein Gewirr von Kabeln in die umliegenden Häuser. Kein Umweg, Luftlinie Mast – Haus. Das macht ja auch richtig Sinn, denn dadurch spart man jede Menge Kabelmeter. Die Masten selbst erinnerten an die auf Bahnhöfen stehenden Stoppschilder für Züge. An manch einen Mast waren fünf oder sechs Querleisten angenagelt. Fast alle von ihnen hingen schief. Die Energieversorgung stammt zum Teil noch aus sowjetischen Tagen. Heute ist sie völlig veraltet und den Rest besorgen Klima und karibische Wirbelstürme. Was ein Stromausfall bei uns bedeutet wissen wir alle, aber was ein Stromausfall auf Kuba bedeutet konnten wir nur erahnen.

MTU und MAN erneuern derzeit die kubanische Energieversorgung. Die amerikanische Blockadepolitik hat dazu geführt, dass derjenige Unternehmer welcher auf der Insel Geschäfte machen will in den USA Probleme bekommt. Seit fast fünfzig Jahren haben die Amerikaner Kuba vom globalen Handel abgeschnitten. Selbst Unternehmen aus Drittstaaten können mit empfindlichen Strafen belegt werden. Diese Drohung liegt wie ein Schleier über diesem wundervollen Land, hat aber natürlich auch seine Vorteile. Larry Fink, Monsanto und Konsorten bleiben außen vor. Dadurch können solche Ganoven ihr genmanipuliertes Saatgut dort nicht an den Mann bringen, und die Insel praktiziert ökologischen Landbau vom Feinsten. Auf einem Markt in Santa Clara stand ein Bauer, der sein Gemüse feilbot. Unglaublich lange, dicke Möhren, große Salatköpfe, Rüben und Kartoffeln. Was das Herz begehrte hatte der Alte fein säuberlich vor sich auf den Boden drapiert. Neben ihm, auf ein Stühlchen gesetzt, eine kleine, etwa Vierjährige, die mit genüsslichem Schmatzen an einer Karotte knabberte und ihn ganz offensichtlich beim Verkauf unterstützte. Ich fragte den etwa sechzigjährigen Schwarzen mit seinem rundherum hochgekrempelten Strohhut und den bis zum Nabel aufgeknöpften neongrünen Hemd, in dessen Stammbaum sich höchstwahrscheinlich noch nie ein Weißer befand, ob alles ohne chemische Wachstumsbeschleuniger, Herbizide und Pestizide angebaut wurde und er schaute mich irritiert an, um mir auch gleich zu erwidern, dass so etwas hier niemand tut. Niemandsland für Larry Fink.

Laut Wickipedia ist Laurence Douglas (Larry) Fink mit seinem Finanzimperium BlackRock der mächtigste Mann der Welt. BlackRock ist größer als die Deutsche Bank, Goldman Sachs und JP Morgan zusammen und verwaltet 4.000.000.000.000 US Dollar.

Die mischen in fast allen Branchen und Staaten, weltweit, mit. Dieses Gesindel gestaltet sich die Welt – nur halt Kuba noch nicht. Im Helms-Byrten-Gesetz halten die Amerikaner ihre Besitzansprüche auf Kuba aufrecht. Das Erstaunliche aber ist, dass die Amerikaner selbst immer wieder die Blockade versuchen zu brechen. Kennedy selbst hatte sich, kurz bevor er die Blockade in Kraft treten ließ, ordentlich mit kubanischen Zigarren eingedeckt. Farmer liefern über Strohmänner landwirtschaftliche Produkte obwohl die kubanischen Nahrungsmittel viel gesünder sind. Sie reichen halt nicht aus. Ich hoffe, dass die Kubaner so schlau sind und sich nicht das genetisch veränderte Zeug aufschwatzen lassen. Die Befürworter argumentieren, dass man weniger Pestizide einsetzen muss. Brasilianische Politiker haben sich überreden oder kaufen lassen die Gesetze so zu ändern, dass ihre Bauern nun in die Lage versetzt wurden das Zeug anzubauen. Jetzt haben sie nicht nur den Maiszünsler auf dem Hals sondern zusätzlich noch Heerwurm und Baumwollkapselspinner. Laut Agro DBO sind einige Bauern, selbst nach fünf bis sechsmaliger Insektizid-Dusche, nicht in der Lage, das Ungeziefer vertreiben oder gar töten zu können. Das Viehzeug ist resistent geworden. Die Bauern brauchen jetzt noch mehr Pestizide als vorher. Monsanto liefert diese gleich mit und verdient somit doppelt.

Hafen, Fidel und Musik

Wir waren am Hafen. Dieser zeigte sich eher von seiner unspektakulären Seite. Auf der Kaimauer saß ein alter Mann mit einem für Kuba typischen Strohhut auf dem Kopf. Das Gesicht wettergegerbt und von tiefen Falten zerfurcht. Die Angel lag neben ihm. Mit beiden Händen versuchte er gerade, gegen die Sonne blinzelnd, einen Wurm daran zu befestigen. Der Fischer sah aus, als wäre er gerade Hemingways Roman „Der alte Mann und das Meer" entstiegen. Alte Kähne lagen am Kai. Teils angerostet oder mit Farbe aufgehübscht, teils ramponiert oder wieder repariert. Im Schatten saßen einige Hafenarbeiter und aßen ihr Pausenbrot. Freundliche Zeitgenossen. Sie lächelten herüber, versuchten uns nichts anzudrehen. Hier im Hafen ging es eher beschaulich zu. Vielleicht lag das an der Hitze, denn wer hatte schon Lust bei fünfunddreißig Grad im Schatten wie ein Irrer zu arbeiten. Wir verließen dann den Hafen wieder ehe wir uns mit der, für Deutschland völlig unbrauchbare, Arbeitseinstellung infizierten, aber hier gab es wirklich nicht viel zu sehen.

Laut Reiseführer ist Santiago die zweitgrößte Stadt Kubas und steht immer ein klein wenig im Schatten von Havanna. Zu Unrecht, denn Santiago ist eine nicht unbedeutende Industrie-und Hafenstadt. In keinem anderen Ort Kubas sind dessen afrikanische, indianische und europäischen Wurzeln so sichtbar. Als wir lächelnd in die Arbeitergruppe schauten sahen wir das eindrucksvoll bestätigt. Die ganze Farbpalette hoch und runter. „Wiege der Revolution" nennt sich Santiago voller Stolz. Am 02.01.1959 verkündete Fidel Castro vom Balkon des Rathauses den Sieg der Revolution.

Jetzt wissen wir auch, warum das größte Haus auf dem Marktplatz so toll restauriert war, einschließlich des Platzes davor.

Aber Santiago ist auch die Wiege des Son. Er ist ähnlich dem Salsa und hat sich aus den Tänzen der Sklaven, die die harte Arbeit auf den Feldern der Zuckerbarone leisten mussten, entwickelt. Die Santigueros sind auch temperamentvoller als die Menschen in Havanna.

Das merkten wir immer wieder. Am Wochenende fanden sich auf den Straßen Santiagos verschiedene Bands, an verschiedenen Orten ein und begannen, Musik zu machen. Es dauerte dann auch nicht lange bis die Ersten tanzten oder mitsangen. Die Musiker sind für europäische Verhältnisse sehr spartanisch ausgerüstet. Die Instrumente die wir kennen sind das Schlagzeug und eine Gitarre. Vielleicht noch einen Kontrabass. Dann aber gibt es noch jede Menge Rasseln und Klappern, getrocknete und ausgehöhlte Riesenfrüchte, Klangstöcke und Klanghölzer, kurz, mit allem, was einen Ton erzeugte, wurde Musik gemacht. Nun ist man es in unseren Breiten gewöhnt, dass der DJ das allgemeine mitteldeutsche Mannsbild erst mal ungefähr eine Stunde oder länger betteln muss, bis es ein Bein auch nur ansatzweise in Richtung Tanzfläche schiebt. Etwas schneller geht es, wenn der potentielle Tänzer schon zwei, drei Bier intus hat. Hier sieht das alles etwas anders aus. Sofort nachdem die ersten Takte erklingen, bewegen sich Jung und Alt, Dick und Dünn, Groß und Klein. Die ersten eine Gruppe etwa zwölfjähriger Jungen und Mädchen. Sie sind in etwa so gekleidet wie deutsche Zehnjährige. Latzhosenjeans, Radler, Hot Pants, kurze Hosen und hübsche Kleider. Alle Jugendlichen in dieser Gruppe bewegten ihre Beine und Hüften als hätten sie keine Knochen. Total irre, wenn einem die Bewegung nicht, wie bei uns in Nordeuropa, abgewöhnt wird. Die lustige Ausgelassenheit, die über den Tanz nach außen transportiert wird, sahen wir nicht nur bei den Kindern und Jugendlichen, sondern auch bei den Erwachsenen. Ohne richtige Tanzfläche, denn wir standen auf einer Straße zwischen den Tanzenden oder Zuschauern. Ein junger Schwarzer in einer lila Jogginghose und einem rot- schwarzen Achselshirt schnappte sich eine Blonde Endevierzigerin und wirbelte diese zur Musik des Son wie wild über die imaginäre Bühne. Der kubanische Son gilt neben vielen anderen als die wichtigste Wurzel des Salsa, der wiederum in den USA zu dem gemacht wurde, wie wir ihn heute kennen und lieben. Die Musik mit all ihren Facetten spricht die ganze Bevölkerung an. Alle, ob Jung oder Alt, singen, tanzen, bewegen sich. Von der Geburt bis zum Tod spielt die Musik in allen Schichten der Bewohner eine übergeordnete Rolle, geht man zum Tanzen auf die Straße. Es bilden sich Formationen und Gruppen die sich eben erst gefunden haben. In diesem Land wird gefeiert ohne Grund und Anlass, ausgelassen wie auf einem Volksfest. Wunderbar anzuschauen.

Affen

In Santa Clara sind wir mal vor einer Bar stehen geblieben. Fenster und Tür waren offen, doch es befanden sich Gitter davor, sodass man, wenn man als Tourist unterwegs war sofort erkannte, dass hier keine Einheimischen hereingelassen wurden, wenn nicht mindestens ein Fremdländer mit dabei war. Wer hereinwollte, musste an einem Hünen von Türsteher vorbei. Wir hätten das ohne Probleme geschafft, obwohl wir ziemlich abgerissen aussahen. Die überaus adretten Kubaner hingegen, blieben außen vor. Sie standen draußen und sahen sich das Treiben durch die Gitter an. Glasscheiben brauchte man nicht. Wie die Affen im Zoo wurden die drinnen Sitzenden angestarrt.

Apropos Zoo, Zoo von Havanna. Die Primaten dort steckten auch zu zehnt in einem Pferch von 125 Kubikmetern, wie die Menschen in dieser Bar. Interessant dort allerdings war, dass jeder Schimpanse irgendwo im Käfig einen Stock stehen hatte, den er als Werkzeug zu Hilfe nahm, wenn er die Dinge, die ihm die Zoobesucher versuchten durch die Gitterstäbe zuzuwerfen, nicht erreichen konnte, was zwar verboten war, aber niemanden scherte. Unter den zugeworfenen Dingen waren auch leere Coladosen und etlicher anderer Müll. Drei Kubaner hatten einen Heidenspaß daran, als ein Affe verzweifelt versuchte, mit dem Stock eine leere Coladose zu sich heranzuziehen, um diese, als er sie dann endlich in den Händen hielt, austrinken zu wollen. Auch wenn das auf den ersten Blick recht putzig aussah, ließ ich hier den Fotoapparat in der Hosentasche. Noch heute denke ich an diese obskure Situation, als er vergeblich versuchte noch einen Tropfen aus der Dose auszuzutschen. Enttäuscht warf er sie vorsichtig zu denen zurück, die gerade damit ihre Kurzweil hatten. Wenn er sie doch nur, mit voller Wucht und Scheiße gefüllt, einem dieser hirnlosen Typen an seinen Kopf geklatscht hätte. Das wäre mir dann auch ein Foto wert gewesen. Zum Glück ließ er die Dose, als einer dieser Deppen sie erneut an den Käfig warf, liegen. Für die drei war somit der Spaß vorbei.

Andere, aber genauso dumme Witzbolde, ließen nicht lange auf sich warten. Der Schimpanse griff erneut zu und das Spiel begann von vorn. Übrigens rede ich nicht von Kindern oder Jugendlichen. Die Leerecoladosenwerfer waren allesamt mittleren Alters.

Aber jetzt wieder zu den Menschenaffen in der Tanzbar. Von den neun Tischen waren fünf besetzt. An dreien saßen je ein Europäer und eine etwa halb so alte Kubanerin, an den anderen zweien jeweils ein Touristenpärchen. Vorn in einer Ecke eine kleine Kapelle. Vier Männer und eine Frau sollten mit flotten Rhythmen für Stimmung sorgen. Das gelang ihnen auch. Nur nicht in der Bar, sondern davor. Mittlerweile hatten sich nämlich vor den Gittern eine ganze Menge Leute angefunden um zu schauen was drinnen so passierte, und das war nicht viel. Eigentlich gar nichts. Draußen allerdings fingen Hüften an sich zu bewegen. Bein-und Armgeschwader, Körper schwangen im Takt. Eine ältere Frau mit zwei Wassereimern kam vorüber, sah das bunte Treiben, stellte ihre Eimer ab, schnappte sich einen Mann, der halb so alt war wie sie und tanzte mit ihm wie ein Derwisch. Was soll ich sagen, vor den Fenstern Party und drinnen absoluter Totentanz.

Nie wieder Zoo

Beim ersten Anlauf uns den Zoo von Havanna anzuschauen, hatte dieser geschlossen. Doch extra für uns zwei wollte der Direktor eine Führung machen.

Dankend lehnte ich ab, denn waren wir doch auf abwechslungsreiche und lustige Situationen aus und das hat man selten mit sich allein. Wobei, mit David? Eine Überlegung war es allemal wert. Nein, nein wir kamen zu den regulären Öffnungszeiten wieder. Das war dann einige Tage später und was uns schon am Eingang auffiel, war ein roter Gartenstuhl aus Plaste, wie es ihn in jedem deutschen Baumarkt für unter zehn Euro zu kaufen gibt. Diesem fehlten drei Beine. Also gab es nur noch die Sitzfläche, ein Bein und die Lehne. Und wer jetzt denkt dieser Stuhl lag in einem Müllcontainer hat weit gefehlt. Auch lag er nicht irgendwo im Gebüsch, wie man es hätte vermuten können. Nein, er wurde liebevoll mit Draht auf ein Gerüst aus Bewährungsstahl gebunden und diente dem Einlasser als bequeme Sitzgelegenheit. Den Zoo an sich kann man ganz schnell abhaken, denn die Hälfte der Käfige war leer. Und ich sage bewusst Käfige und nicht Gehege, weil die Tiere hier in winzige Buchten eingepfercht wurden. Nur eine Ente hatte das Paradies auf Erden. Doch dazu später. Die Primaten, denke ich, wurden bereits im vorigen Kapitel ausführlich besprochen, deshalb lasse ich sie weg. Nein, etwas Erwähnenswertes hab ich noch zu schreiben. In einem anderen, der Affenkäfige saß ein überaus kluges Exemplar, was zu den Menschen vor dem Käfig kleine Steinchen warf, um ihnen zu zeigen, wie die es mit den roten Beeren machen sollten, die an einem Busch vor dem Gehege standen. Er tat so, als pflücke er diese und warf dann Steinchen auf die Zuschauer vor der Absperrung. Einige, Besucher verstanden das dann auch und pflückten Beeren, um sie in den Käfig zu werfen. Sie schienen für das Tier essbar, denn es zeigte keinerlei Unwohlsein und der Spaßfaktor war für alle, Mensch und Tier, erheblich höher als im vorhin Beschriebenen.

Der Condor, der sich in freier Natur von der Thermik auf 7.000 Meter Höhe tragen lässt, stak in einem Käfig, der etwa fünfzig Quadratmeter Fläche hatte, fest. Die Höhe war 2,50 m. Wir gingen weiter zum Raubtierkäfig und ich traute meinen Augen nicht. Vor dem eigentlichen Käfig, ein Raum mit einer Grundfläche von etwa vierzig Quadratmeter und einer vergitterten Vorderfront, befand sich als Absperrung und zusätzliche Sicherheit ein etwa ein Meter hoher Zaun aus Eisen. Wenn also ein Erwachsener sich hätte darüber beugen wollen, um das Tier zu berühren reichte er mit seinen Armen, seien sie auch noch so lang, zwar nicht an den eigentlichen Käfig, nur die Tür dieses Zaunes war nicht verschlossen, sondern nur angelehnt. Jeder der Lust hatte mal eine Raubkatze anzufassen, konnte dies ungehindert tun. Davon abgesehen, dass jedes halbwegs sportliche Kind über den Zaun hätte klettern können, um durch die Gitterstäbe zu greifen und das „Kätzchen" zu streicheln. Ich ging durch die Tür und schaute mich um. Kein weiterer Besucher in der Nähe. Was ich jetzt tat hätte jedes Kind auch machen können. Ich ging ganz nah an den Leoparden, oder was auch immer es war, heran. Er schlief und eine Pfote hing durch die Gitterstäbe. Das sah einfach nur süß aus. Ich wollte ihn anfassen, denn wann in seinem Leben bekommt man denn schon mal die Gelegenheit einen lebenden Leoparden zu berühren. Zehn Zentimeter vor seiner Pfote zog ich meine Hand zurück, weil diese Tiere ja furchtbar schnell sein sollen und ich nicht wusste, ob sich das nur auf's Laufen beschränkt somit Bedenken hatte, dass meine nächste Operation an mir selbst, nicht so gut ausgehen würde. Nun kam schon mal die Gelegenheit für ein richtiges Abenteuer und ich Angsthase versagte jämmerlich.

Doch nun zum glücklichen Entlein. Vor uns lag ein etwa fünfzig Meter langer und zwanzig Meter breiter See. Er hatte einen Zu- und Abfluss und war umgeben von einer Unzahl von Grün-pflanzen. Einige von ihnen schmückten sich mit prachtvollen Blüten, für die anderen war das Blattwerk die Zierde. Hell- und dunkelgrün, gelb und schwarz, bunte Vitalität, braun vertrocknet und von Bäumen, die rund um den See standen, hängend, fanden wir alles, was bei uns im Wohnzimmer im Topf so vor sich hin dümpelt, nur viel, viel größer. David fragte mich, ob das hier vielleicht die botanische Abteilung sei, denn wir sahen kein Tier. Gebannt starrten wir auf die Wasseroberfläche und sahen die nächsten zwanzig Minuten erst mal nichts. „Da schwimmt 'ne Ente." David stuppste mich an und zeigte auf das gegenüberliegende Ufer. „Wo?" fragte ich, in die mir gewiesene Richtung schauend. „Pfffff... Vielleicht ist sie gerade abgetaucht ... ich ... hätte schwören können ich hab da 'ne ... ." Die nächsten zwanzig Minuten starrten wir beide wie gebannt weiter auf die Wasserfläche und suchten mit unseren Blicken das Ufer nach Leben ab.

Wir einigten uns darauf, dass im Teich vielleicht Fische seien wenigstens aber Frösche. Oder vielleicht doch nur Wasserflöhe?

Nur ein dummes Volk ...

Vor einer Manufaktur durch die offenen Fenster blickend, wir sahen etwa dreißig Arbeiterinnen an Nähmaschinen sitzen, blieben wir stehen um eine kleine Pause zu machen. Wir beobachteten die Frauen, die irgendwelche Kleidungsstücke fertigten. Vorn saß eine Vorleserin die mit lauter Stimme und durch ein Mikrofon verstärkt ein Buch für die Arbeiterinnen las. Als diese uns bemerkten winkten sie und einige riefen uns etwas zu, das wir nicht verstanden. Zwei Mangobäume spendeten uns Schatten. Die reifen Früchte hingen saftig-prall-glänzend über unseren Köpfen. Wir pflückten und aßen einige –Volkseigentum. Der Fruchtsaft lief uns aus beiden Mundwinkeln und wir konnten sicher sein, den ganzen Tag etwas von der gelben Köstlichkeit zu haben, weil sich das Fruchtfleisch nur unter Aufbietung aller Kräfte aus den Zahnzwischenräumen entfernen ließ.

Einige Meter weiter, ein großes, in bunten Farben leuchtendes Haus. Es musste eine Schule sein, was sich später auch bestätigte, denn diese sind, im Gegensatz zu den meisten anderen Gebäuden auf Kuba, sehr gut erhalten oder ansehnlich renoviert. An der Bildung wird auf der Insel nicht gespart. Wir haben uns sagen lassen, dass in jeder Schule, sei sie auch noch so klein, oder in dem entlegensten Winkel des Landes gelegen, für jeden Schüler ein Computer bereit steht. Ob das stimmt konnten wir nicht nachprüfen aber in Kuba tendiert das Analphabetentum gen null. Der kubanische Staat alphabetisiert nicht nur seine eigene Bevölkerung, sondern trägt Bildungsprogramme überall in den globalen Süden. (Quelle: www.ag-friedensforschung.de) Natürlich nicht dorthin, wo sich der Ami mit seiner Konsumreligion breit gemacht hat, denn der braucht keine schlauen Menschen, aber das Land welches diesen Service nutzen möchte wird nicht abgewiesen. Auch die medizinische Versorgung, welche für ganz Lateinamerika einzigartig, weil kostenlos ist, wird exportiert. Kubanische Ärzte werden zum Beispiel in Venezuelas Armenvierteln eingesetzt. Im

Gegenzug erhält der kubanische Staat dafür Erdöl. Das nenne ich doch mal Globalisierung wo das einfache Volk profitiert. Da wir gerade bei Bildung sind, der Landesname Kuba stammt wahrscheinlich aus der Sprache der Kariben oder der Taino und bedeutet soviel wie großer Platz. Der kubanische Schriftsteller Josè Juan Arrom beschrieb es 1964 folgendermaßen: „Kuba annakan bedeutet soviel wie Land in der Mitte". Damit gilt als gesichert, dass Cuba in der Landessprache Land oder Provinz heißt.

Jetzt wieder zurück zur Schule. Als wir gerade weiter wollten öffneten sich die Türen zur Hofpause und da die einheitliche Schulkleidung immer ein Blickfang ist, blieben wir, um uns das Gewirr anzuschauen. Die jüngeren Schüler trugen weiße Blusen und Hemden. Dazu einen kurzen roten Rock oder eine kurze rote Hose. Um den Hals natürlich das obligatorische rote Halstuch mit dem Pionierknoten. Die älteren Schüler trugen ebenfalls weiße Blusen und Hemden. Dazu hellbeige kurze Röcke die Mädchen und von der gleichen Farbe lange Hosen die Jungen.

Uns sind einmal so gekleidete Jugendliche, es war schon am frühen Abend, auf uns zugekommen, um mit uns zu reden. Wir haben uns gewundert, dass die Jugendlichen ihre Schuluniform auch abends noch trugen und ich fragte ein Mädchen, so um die fünfzehn, ob sie sich in diesen Sachen wohl fühlt. Fünfzehn Jahre ist ja nun modetechnisch gesehen ein eher problematisches Alter, aber ohne lange zu überlegen stand sie auf, deutete mit ihren beiden Händen von Hals bis Knie und sagte voller Stolz: „Aber natürlich. Ich sehe doch schick darin aus." Wir konnten ihr nur zustimmen.

Also, um sich die Hofpause angenehm zu gestalten, tanzte etwa zwanzig Meter links vor uns, eine Gruppe von neun Schülern im Kreis. Es waren acht Mädchen und ein Junge, das Alter schlecht zu schätzen. Sie trugen aber unterschiedliche Kleidung und so wussten wir, sie gehörten auch unterschiedlichen Jahrgängen an. Die Schüler tanzten voller Lust und Lustigkeit in einer Harmonie die schon erstaunte. Friedlich und liebevoll wurden auch die Jüngeren in das Treiben mit eingebunden. Es war einfach nur schön mit anzuschauen. Als sie aufhörten und es wieder in den Unterricht gehen sollte, überlegten wir, ob wir den Jugendlichen nicht eine kleine Freude machen konnten. Ich hatte noch zehn Kugelschreiber in meinem Rucksack, kramte diese raus, ging zu der Gruppe mich jetzt neugierig anblickender Schüler und drückte die Schreibgeräte einem der älteren Mädchen in die Hand. Mit der Maßgabe, diese in der Runde zu verteilen. Das war ein selten dämlicher Einfall. Augenblicklich war das Mädchen von etwa dreißig weiteren Kindern umringt, die sich ausnahmslos alle von friedfertigen Erdenbürgern in reißende Werwölfe verwandelten. Alle kämpften um einen dieser billigen Plastekugelschreiber. Hilflos schaute mich das Mädel an. Ein Wunder, dass sie ihr den Arm nicht abrissen. Ich schaute genauso hilflos zu ihr zurück. Alles geriet irgendwie außer Kontrolle. Gezänk, Geschrei, Krieg. Wir hatten es geschafft in kürzester Zeit aus einer harmonischen, miteinander spielende Gruppe von Kindern, einen wie toll streitenden Haufen wilder Bestien zu machen. Der Ami sollte nur jede Menge Schnickschnack-Müll, ungleichmäßig, über den Kubanern abwerfen, dann würden die sich sicher, wie diese Kinder hier, selbst zerfleischen. Sie könnten ohne Risiko einmarschieren und die Kubaner hätten dann endlich ihre ersehnte Freiheit und dürften selbst entscheiden welche ärztlichen Leistungen sie aus der eigenen Tasche bezahlen, oder welche sie weglassen würden. Diese Situation zeigte auch das Malheur unserer Zeit. Wenn alle nicht viel besitzen halten sie weitgehend zusammen, oder um es mit Plutarch, einem großen römischen Lehrer zu sagen, „Wer wenig bedarf, der kommt nicht in die Lage, auf vieles verzichten zu müssen." Auf alle Fälle blieb uns nur noch, die Beine in die Hand zu nehmen und zu verschwinden. Wir liefen lange schweigend nebeneinander her, weil uns diese Situation sehr bewegte. David fand als erster die passenden Worte: „Tja, wenn der Ami erst wieder da ist, haben die das jeden Tag. Lass uns was essen gehen, denn wir zwei können hier nicht das Leid der Welt tragen."

Pizza „Kubano"

Wir fanden auch recht schnell so etwas ähnliches wie eine Pizzeria. Diese ist natürlich in keinster Weise mit einer wie wir sie kennen, pseudo italienischen, zu vergleichen. Ein großer Raum, die ganze Vorderfront zur Straße hin geöffnet. Der schlichte Tresen aus Holz und bunt mit Graffitis verziert. An den Wänden hing von Che über Jesus bis hin zum Delphinkitschposter alles, was dem Auge Freude und Grusel bereitet. Hinter dem Tresen ein flacher alter Pizzaofen und ein weniger flach, aber genauso alter Pizzabäcker mit einer weißen Chefkochmütze bestückt, der uns freundlich begrüßt. Wir bestellten. Auf die Preisliste brauchten wir nicht zu schauen. Höchstwahrscheinlich könnte man hier eine Familienfeier mit fünfzig Gästen ausrichten lassen und die Zeche dann, wie man so schön sagt, aus der Portokasse bezahlen. Die Pizza schmeckte ganz gut, war allerdings mit dem was wir als solche kennen und lieben nicht zu vergleichen. Ein relativ dicker Teig, was mir persönlich sehr entgegen kommt, etwas Schinken und viel Käse. Obwohl, das mit dem Käse scheint unlogisch, weil wir hier enorme Probleme hatten, an Milch zu gelangen. In den Geschäften hieß es die sei für die Kinder. Wenn es aber Milchengpässe gibt, wo kommt dann die Milch für den Käse her? Aus eigener Erfahrung weiß ich, dass man für die Käseherstellung Unmengen von Milch braucht. Zu Hause fahre ich in regelmäßigen Abständen zum Landwirt und hole für uns in einem Krug sechs Liter, um daraus einen ganz hervorragenden mittelharten Weichkäse zu machen. Aus diesen sechs Litern Milch werden ca. siebenhundert Gramm Käse. Der Rest ist Molke. Ich glaube also nicht, dass das, was wir hier auf der Pizza als Käse aßen auch Käse war, aber es schmeckte, wir wurden satt und mit umgerechnet zwanzig Cent ist dieser, ich nenn ihn jetzt mal Pizzaersatz überaus preiswert. Wenn mich die Preise hinter den Gerichten nicht interessieren ist das ein völlig neues Lebensgefühl.

So muss es Millionären gehen.

Simple Race

Die Geschichte mit den Kugelschreiberschülern begleitete uns den ganzen Tag. Selbst das abendliche durch-die-Straßen- schlendern wollte uns nicht recht ablenken. Wir saßen auf zwei Steinen gegenüber einem Denkmal und schauten, auf die mit ihren Rollern spielenden, Jugendlichen. Jungen zwischen zwölf und siebzehn. Ich denk mal Achtzehnjährige rollern auch hier nicht mehr. Obwohl, es war schwer genug zu glauben, dass die jungen Burschen sich auf ihren, aus Holz zusammengefriemelten Gefährten, Rennen lieferten um ihre Kräfte zu messen. Tun das bei uns die Gleichaltrigen auch? Das cool gegelte Haar könnte die Form verlieren. Dies passiert vor dem Rechner eher selten. Zwölf Stunden Warkraft – die Frisur hält. Dauersimsen – die Frisur hält. Shoppen - die Frisur hält. Hier dagegen setzte man auf die Basics. Schweiß, Muskelkraft, Holz und Eisen. Der Gewinner ließ sich feiern und anerkennend auf die Schultern klopfen. Was für ein Gegensatz! Die Räder der selbstgebauten Holzroller waren aus alten Kugellagern. Ein toller Kampf. Für uns unterhaltsamer als die Formel 1, denn hier entscheiden allein die Kraft und das Geschick.

Hinterm Zieleinlauf ein Plakat mit Fidel, der die rechte Faust gen Himmel reckt und in der Linken ein Maschinengewehr hält, darüber in großen Lettern „VENCEREMOS".

Wie passend das doch war..

Der Armutswettbewerb

Um uns herum schlichen Kinder die etwas geschenkt bekommen wollten. Wir hatten nichts mit. Ein Herr, Mitte dreißig, ging auf die Jungens los und erinnerte sie mit Nachdruck und einem Zuckerrohrstock, den er bedrohlich über ihre Köpfe kreisen ließ, daran, dass ein Kubaner nicht bettelt. Mit hängenden Köpfen zogen sie von dannen. Wir gingen nach Hause. Es war zwar noch nicht spät, aber die Tage zehrten. Irgendwann reicht es auch mal. Das ewige spanisch Sprechen machte mich fertig. David gab mir den Rat, dies doch als Arbeitstag zu sehen und achtzehn Uhr Feierabend zu machen. Das tat ich dann auch. Das Leben kann so einfach sein. „Ich nix verstehen." Ein Nachteil dieses Systems war, dass ich auf die mich Ansprechenden arrogant wirkte.

Am nächsten Tag fuhren wir in einem maigrünen siebenundfünfziger Ford zum Bahnhof, um Fahrkarten nach Santa Clara zu kaufen. Dies war ein weiterer Versuch und es sollte nicht der letzte gewesen sein. Wir brauchten mehrere Anläufe. Weiß der Teufel, warum. Höchstwahrscheinlich, um unser Geld hier im Ort ausgeben zu müssen, doch hier kommt doch eh alles in einen Topf. Als wir das Bahnhofsgebäude verließen liefen wir nördlich und ließen die Stadt hinter uns, denn wir wollten irgendwo schwimmen gehen.

Die Leute wiesen uns die Richtung zu einem größeren See. Uns fiel ein ehemals blauer Moskwitsch auf. Mittlerweile war gerade die Farbe der Spachtelmasse dabei die Werksfarbe abzulösen und bei genauem Hinschauen fiel uns auf, dass die Hinterachse samt Räder fehlte. Der restliche Wagen stand, mit seinem Hinterteil auf zwei Felgen gestützt, am Straßenrand. Ich musste schmunzeln, denn ginge hier jemand vorbei und berührte aus Versehen das Auto ...; also ich fand es schon sehr mutig den Wagen so abzustellen.

Vor einem Haus stand ein junger Mann mit einem Baby auf dem Arm. Seine Frau kam hinzu und wir wechselten einige Worte. Der Mann, höchstwahrscheinlich der Vater, gab mir den Jungen auf den

Arm und David sagte, weil er so ein süßer Knuddel war, dass wir ihn mit nach Deutschland mitnehmen wollen. Natürlich war das nur ein Scherz. Der Vater verstand das und lachte. Die Mutter verstand das nicht und lachte nicht. Sicher hatte der Vater früher schon mal ein Kind verschenkt und deshalb beobachtete uns die junge Mutter mit Argusaugen.

Wir gingen lieber weiter. Ich fand einen Pferdeschuh, der aus Moniereisen, also einem Stück Bewährungsstahl, gefertigt worden war und steckte ihn ein. Ein schönes Erinnerungsstück. Eine grasende Kuh sah zu uns hoch und hörte auf zu malmen. Die wunderbar weite Aussicht über Hügel und Felder. Ich fühlte mich frei in einem unfreien Land. Aber was bedeutet das schon. Wir alle sitzen doch dem Trugschluss auf, frei zu sein. Die Spielregeln der Gesellschaften, berufliche oder religiöse Bindungen, unsere Erziehung, die Erinnerungen. All das schränkt uns so ein, dass eigentlich keiner von sich behaupten könne, er wäre frei. Gerechterweise ist keine Gesellschaftsschicht davon ausgenommen.

Mittlerweile gingen wir schon über eine Stunde. Hier und da mal ein Haus, keine Menschenseele. Außer einem netten älteren Herren, der sich mit David einen Armutswettbewerb lieferte, sollte das auch so bleiben. Der Armutsaspirant wollte einen CUC und zeigte uns seine leeren Taschen. David zeigte die seinen. Dann hob er sein Bein und wies auf das große Loch in seinem Schuh. Auch da konnte David punkten und genau wie unser neuer Bekannter konnte ich es nicht glauben, denn David hatte tatsächlich ein Loch in der Schuhsohle und das war mindestens genauso groß. Pedro Fernandez, das war der Name unseres neuen Freundes, und komischerweise sehen die schrägen Vögel nicht nur so aus wie im Film, sondern heißen auch so, positionierte jetzt seine Geheimwaffe. Langsam und, imaginär mit den Händen am Colt, die Augen zu Schlitze verengt, ging er auf David zu. Die rechte Hand schnellte zum Mund und der Zeigefinger vergrub sich in der Höhle, um den Mundwinkel so aufzuziehen, dass sich ein großes Loch auftat. Damit meine ich aber nicht die Mundhöhle sondern den fehlenden Backenzahn. Er glaubte sich am Ziel und hielt bereits die Hand auf, um seinen CUC zu empfangen. Doch du sollst deinen Gegner im Kampf nicht unterschätzen, und, wie Sepp Herberger schon sagte: „Ein Spiel dauert immer neunzig Minuten." David führte also, seine rechte Hand und auch die Linke zu seinem Mund, riss ihn weit auf und Don Pedro starrte entsetzt in den schwarzen Abgrund. Aus seinem Gesicht wich jegliche Farbe. Langsam ging auch ich auf David zu, um zu sehen, was seinen Gegner so erschreckte. Und da waren sie. Zwei Zahnlücken so groß wie Granattrichter. David ging als Sieger aus dem Battle hervor. Pedro erkannte das sofort. Seine Hände sanken herab. Hilflos zuckte er mit seinen Schultern und klopfte David anerkennend auf die seinen. Wir drei bogen uns vor lachen. Es war ein fairer Kampf und David hatte diesen knapp für sich entscheiden können.

Den See zu suchen hatten wir dann aber, nach einigen längeren Pausen, keine Lust mehr. Wir wollten noch im hellen zu- hause ankommen und traten den Rückweg an.

Tagesziel verfehlt.

Klassenkeile und Züchtigung

Mit dem Zahnlochsieg wetzte er meine Niederlage im „Räuberschach" wieder aus, die mir ein junger Bursche tags zuvor beibrachte. Drei junge Männer saßen vor ihrem Haus und spielten das Spiel der Könige. Wir schauten eine Weile zu, denn ich spiele gerne mal eine Partie Schach. Natürlich forderte mich einer dieser jungen Burschen heraus und ich Idiot nahm die Kampfansage an. Er stellte die Schachuhr auf fünfzehn Minuten. Ich hatte vorher noch nie in meinem Leben Blitzschach gespielt und versicherte ihm, dass wir unendlich viel Zeit hätten. Er nickte und drehte die Zeiger auf zehn Minuten zurück. Ich hielt jetzt lieber den Mund, um keine weiteren Zeiteinbußen hinnehmen zu müssen, verlor aber trotzdem in drei Minuten. Das war keine einfache Niederlage, sondern ein Debakel. Ein bisschen so wie Klassenkeile.

Am nächsten Morgen gingen wir später als üblich aus dem Haus. Das erkannten wir an dem Berg Kippen, welche die Oma aus dem Haus gegenüber vor sich liegen hatte. Sie stand am frühen Morgen auf, befreite mit einem Eimer voll Wasser und einem Schrubber die Fensterbänke und den Gehweg vom Schmutz der Nacht und des letzten Tages, setzte sich auf die frisch gereinigte Bordsteinkannte und fing an, eine Zigarette nach der Anderen zu schmauchen. Heute lagen bereits acht Kippen, zwei von ihnen glommen noch, zwischen ihren Beinen auf der Straße. Im Allgemeinen gingen wir immer so gegen drei Kippen außer Haus.

Zwei Häuser weiter zwitscherte ein Sittich: „la cuceracha" und ein mit Passagieren beladener Pferdewagen rumpelte über das zerschundene Pflaster. Ein wahres Wunder, dass die verschiedenen Vehicle nicht in den tiefen Löchern liegenblieben. Anderenorts fehlten sogar die Gullydeckel. David stellte sich spaßeshalber mal in so ein Abflussloch hinein und verschwand fast bis zum Oberschenkel darin. Der Abdeckrost aus Gusseisen lag, zerbrochen auf dem Gehweg. Eine halbe Stunde weiter winkten uns vom Flachdach eines sechsstöckigen Gebäudes zwei etwa zehnjährige Mädels zu. Sie lagen auf dem Bauch, weil es da oben kein Geländer gab. Das hatten ihnen ihre Eltern gut beigebracht. „Wenn ihr aufs Dach spielen geht und ihr wollt mal sehen was unten so los ist, stellt euch nicht an den Rand – zu gefährlich."

Auf dem Marktplatz exerzierten zwanzig, etwa sechzehn Jahre alte Jungen und Mädchen in glühender Mittagssonne. Es schien ihnen Spaß zu machen, denn sie lachten, foppten sich gegenseitig und nahmen das was ihnen ihr Kommandeur, ein Mittzwanziger, so vorgab nicht richtig ernst. Er trug's mit Gelassenheit. Als wir dann anfingen von der seltsamen Situation Fotos zu machen, war es ganz aus. Die jungen Leute umringten uns, machten Späße, erkundigten sich wo wir herkämen und wo wir hinwollten. Auch ihr Lehrer beteiligte sich. Wir fragten ihn, warum er seine Schützlinge der heißen Sonne aussetzte und er antwortete nur kurz, dass dies eine Bestrafung für ungebührliches Verhalten im Unterricht sei. Man stelle sich das in Deutschland vor. Die Schüler zogen unter lautem Jubel wieder ab, denn ihr Lehrer sah ein, dass er heute nichts mehr reißen konnte. Die Unruhe würde er heute wohl nicht mehr in den Griff bekommen.

Der Voodoo-Che

Wir kauften uns etwas zu essen und ließen uns im Schatten auf einer Bank nieder. Neben uns stellte sich ein etwa Dreißigjähriger, der ein kleines Mädchen an der Hand hielt und sie dann, als er sich setzte, auf seinen Schoß hob. Er ließ sie, als er meine Kamera sah, vor uns wie ein Model posieren. Wir gaben ihr ein Päckchen Kaugummi, ja ich weiß das war ein Fehler, denn der Mensch lernt ja aus Erfahrung. Was also hat die Kleine hier gelernt? Genau ...

Wir suchten uns eine andere Bank zum Verweilen. Leider dort, wo es auch andere Urlauber hinzog. Ein kleiner schattenspendender Park, Kirche, Monument und restaurierte Häuserreihen. Das alles sollte man meiden, wenn man in Ruhe essen will. Einfach nur in Ruhe essen. Doch dort baute sich ein Hüne vor mir auf. Er trug ein dunkles Barett, darunter quoll schwarzes, leicht angegrautes, lockiges Haar hervor. Er zeigte auf mein Essen und dann auf sich, wollte etwas abhaben. Sein dicker Bauch zwang mich förmlich dazu, seiner Bitte nicht Folge zu leisten. Lachend zeigte ich erst auf seinen dicken Bauch, dann auf meinen und schüttelte den Kopf. Seinem Körperumfang nach zu urteilen, machten das die Wenigsten. Gleich wusste ich auch warum. Des Hünen Miene verfinsterte sich bedrohlich und mit seinem Handrücken schlug er leicht auf meinen Brustkorb, zeigte mit dem Finger immer wieder erst auf mein Essen und danach auf seinen Mund. Ich gab ihm eine halbe Pizza, hatte also aus der Kaugummigeschichte rein gar nichts gelernt, aber das reichte ihm nicht. Den Rest mochte er auch noch essen. Das fand ich dann doch schon etwas frech, wollte nun aber hart bleiben, hab ich doch mit meiner Frau zwei Töchter durch die Pubertät gebracht. Wer das schadlos überstanden hat, ist für's Leben gestählt. Zehn Minuten blieb ich konsequent und gab ihm nicht meine andere Pizza. Er fing an, in seiner Hosentasche zu kramen und holte etwas Klimpergeld hervor. Natürlich wollte ich kein Geld für die Pizza haben. Doch Che Guevara, so nannten wir unseren neuen Freund, weil er sein khaki farbenes T-Shirt mit einem schwarzen Che, voller Stolz, über seinem dicken Bauch trug, wollte kein Geld bezahlen, sondern bot mir ein Drei-Peso-Stück mit Che's Konterfei zum Kauf an. Wieder lehnte ich dankend ab. Aus dem anfänglich recht harmlos, flapsigen Gespräch entwickelte sich eine doch nun recht nervige Situation. Jetzt griff er erneut zu meiner Pizza. Er wollte einfach nicht gehen und fing an, penetrant zu werden. „Vielleicht helfen Beschimpfungen." Einigermaßen angefressen versuchte ich es damit und zwar lautstark. Meine Nerven lagen blank. Erst frisst mir der Idiot mein Essen weg, nervt mich mit seinem total überteuerten Scheiß und jetzt äffte er mich auch noch nach. Das war zu viel für mein angeschlagenes Gemüt. Ich schimpfte jetzt auch nicht mehr in spanischer, weil mir da einfach die Schimpfwörter fehlen, sondern in deutscher Sprache. Er spürte ganz genau, was ich ihm an den Kopf warf, kam ganz langsam sehr nah an mich heran, hob seinen Arm, streckte die Hand und bewegte diese in einem Winkel von fünfundvierzig Grad nach oben, bis er mit seiner Handflugzeugbewegung einen Trudelflug simulierte, es abstürzen ließ und auf mich zeigte.

Dazu sagte er leise aber bestimmt: „Deine Maschine wird abstürzen".
Scheiße, hätte ich ihm doch bloß gleich das gegeben was er wollte und
ihm auch noch seine blöden Münzen abgekauft. Wie komme ich aus
dieser Nummer nur wieder raus?

Für ihn, allerdings, war dieser Streit wie ein Hauptgewinn im Lotto,
denn im Umkreis von zwanzig Metern lud ihn jeder Tourist zum Essen
ein, kauften ihm seine Münzen ab.

Wohlwollend machte er für die Auserwählten dann eine
Flugbewegung, die sich sehen lassen konnte, Wir aber gingen wei-
ter. Heimlich steckte David ihm einen Euro zu, denn so wären die
Überlebenschancen wenigstens fünfzig/ fünfzig. Der dicke Che al-
lerdings, machte keine Flugzeughandbewegung mehr, sondern nickte
David konspirativ zu.

Höchstwahrscheinlich würde er den Absturz überleben.

Ich hatte Angst.

Der Kopf der Schlange

Am nächsten Tag gingen wir wieder eine halbe Kippe nach der dritten aus der Wohnung. Einige Straßen weiter setzten wir uns auf eine Bordsteinkannte und aßen ein paar Bananen. Ein Radfahrer gesellte sich zu uns, ließ uns aber in Ruhe. Vielleicht wollte er sich hier mit jemand treffen. Eine Dame kam, redete ein paar Worte mit ihm und blieb auch. Nach geraumer Zeit befanden sich rechts neben uns etwa zehn Leute aller Couleur und ich fing an, mich zu wundern. Wollten die alle mit dem Bus verreisen? Ich schaute mich um, weil mir ein Bushaltestellenschild doch aufgefallen wäre. Die jetzt etwa zwanzig Wartenden waren guter Dinge. Hier tummelte sich ein Querschnitt der Bevölkerung. Alte und Junge, Dicke und Dünne, Große und Kleine, Weiße und Schwarze, elegant und salopp Gekleidete. Der Zustrom riss nicht ab. Wir waren fertig mit essen, standen auf, um weiterzugehen und plötzlich war es totenstill. Gespannt, was nun wohl passieren würde, blieben wir. Nichts geschah. Die Wartenden sahen uns gespannt an. Wir waren die Protagonisten dieses Schauspiels, weil wir unsere Bananen nicht einfach auf der Bordsteinkante sondern vor der Tür eines Fleischerladens aßen. Wären wir nicht in der DDR aufgewachsen, wüssten wir jetzt nicht, was das zu bedeuten hatte. Was wir hier beobachten konnten war einfach schnödes Schlange stehen, und das funktioniert folgendermaßen: der erste der Schlange bekommt von irgendeinem Freund oder Bekannten den Tipp, dass es irgendwo etwas besonderes zu kaufen gäbe, neue Ware eingetroffen ist, oder er stellte sich auf Verdacht an, um irgendetwas kaufen zu können, was er wiederum, wenn er es nicht brauchen konnte, dann gegen das , was ihm von Nutzen war, eintauschte. Wenn in so einem Fall dann einer vor einem Geschäft steht, will natürlich jeder, der vorbeikommt und Zeit hat vom Insiderwissen profitieren und stellt sich ebenfalls an. Nicht umsonst heißt es: „Wo Tauben sind, kommen noch mehr hinzu." Wir brauchen über die Kubaner auch gar nicht zu lachen, denn jeder einzelne von uns verhält sich doch ähnlich. Immer leben wir mit der Angst etwas zu verpassen.

Doch was man in einer Warteschlange gut lernen kann ist Geduld. Eigentlich hätte man sich jetzt auf die gegenüberliegende Straßenseite setzen können, um zu beobachten was nun wohl passieren würde, aber wir wollten die Situation nicht auf die Spitze treiben oder uns über die Wartenden lustig machen und ohne uns umzuschauen gingen wir weiter bis die Häuser kleiner wurden und sich schließlich in Hütten verwandelten.

Arachnophobie

Zweihundert Meter vor uns, stand am Straßenrand ein aufgebocktes Auto. Als wir näherkamen erkannten wir einen etwa vierzig Jahre alten Lada mit offener Motorhaube. Ein lustiger Schwarzer in einem verwaschenen blauen Arbeitsanzug, der etwa soviel Jahre auf dem Buckel hatte wie sein Auto, lächelte uns an. Ich fühlte mich fünfundzwanzig Jahre zurückversetzt. Mit genau so einem Arbeitsanzug bin ich als Tischler in die Lehre gegangen. Made in China, gleicher Schnitt für alle, egal ob Mann oder Frau und ziemlich schmucklos. Wir grüßten und mochten einen Blick unter die Motorhaube werfen. Er begleitete uns zu dem riesigen Blechmaul. Doch als wir die Köpfe über den Motor hielten war da nichts. Lachend deutete Juan hinter den Wagen und wir trauten unseren Augen nicht. Da lag, völlig auseinander genommen, der Motor im Gras. „Bekommst du den wieder zusammen?" Er beantwortete meine Frage mit einem kurz: „ si" und machte sich gleich wieder an die Arbeit. Wir wollten ihn nicht abhalten, wünschten Glück und gingen weiter.

Ein vollgestopfter Autobus fuhr an uns vorbei. In so einem sind wir einige Tage vorher mitgefahren, als wir aus der Stadt raus wollten. Auch heute stiegen wir wieder in dieses, für kubanische Verhältnisse, moderne Gefährt.

Immer wenn der Fahrer neue Fahrgäste einsteigen ließ, verlangsamte er kurz vorher das Tempo des Busses, dann beschleunigte er rapide und plötzlich war im vorderen Drittel wieder Platz. Wir standen dichtgedrängt im Hinteren. Die meisten Fahrgäste im Bus waren entspannt unterwegs. Sie machten Späße mit uns, lachten und kommentierten das Gesagte mit Bekannten, die fünf Meter oder weiter weg standen. Irgendwie gehörten wir für kurze Zeit alle zusammen. Trotz gefühlten vierzig Grad im Bus, dem Schweißgeruch und dem Krawall, fanden wir es nicht unangenehm, hier mitzufahren. Immer wenn ich dachte: „Jetzt nimmt er keinen mehr mit", wurde ich eines Besseren belehrt.

Fahrtverlangsamung, Beschleunigung, Platz. Das wiederholte sich an jeder Bushaltestelle, und keiner beschwerte sich darüber, denn jeder Insasse wusste wie es sich anfühlt, wenn man an der Haltestelle steht, ein Bus fährt vorbei und man kommt nicht mit weg.

In unserer Nähe quetschte eine Gruppe Jugendliche vor sich hin. Sie vertrieben sich die Zeit mit Trinken, was ja bei so einer Hitze erst mal nicht verkehrt ist. Nur wagte ich zu behaupten, dass das was herumgereicht wurde nichts Gesundes war. Eine milchige Flüssigkeit in einer Plastikflasche. Auch uns beiden boten sie einen Schluck davon an. David lehnte, was mich sehr verwunderte, dankend ab aber ich griff zu. Es schmeckte nach gegorenem Orangensaft. Für solche Dinge bin ich immer zu haben. Ich trinke zwar keinen Alkohol, aber selbsthergestellte Lebensmittel sind halt die Basics für die Menschheit und eine Hausfrau freut sich doch auch, wenn man ihren Kuchen lobt. Die Zeit in dem überfüllten Transportmittel war ziemlich kurzweilig und irgendwann schimmerte das nahende Wasser silbern in der Sonne. Wir verbrachten einen sehr schönen und erholsamen Nachmittag. David bewegte sich die ganze Zeit im und am See und ich mich, außer, dass ich mit dem Schatten, der einzigen Palme am Strand, mitzog, nicht. Ich war einfach zu geschafft und schlief den halben Tag. Es war wunderbar. Mit Sonnencreme, T-Shirt, und meinem Strohhut war ich bestens ausgestattet. David hatte nichts von alldem auf seiner Haut. Selbst die Creme, die ich ihm anbot lehnte er dankend ab. Ein Sonnenbrand der sich gewaschen hatte folgte noch am selben Abend und hielt sich hartnäckig einige Tage.

Zurück ging es mit dem gleichen Bus. Jetzt waren wir die Wartenden, die hineinwollten. Doch was jetzt geschah habe ich bei der Benutzung von öffentlichen Nahverkehrsmitteln noch nie gesehen. Ein Polizist stand an der Bustür und regelte das Einsteigen. Das nach dem Ende der Warteschlange Fragen half uns hier herzlich wenig, weil alle Einstiegswilligen in einer riesengroßen Traube vor dem Autobus standen. Naja, vielleicht sind die Kubaner doch weit weniger entspannt als ich dachte. Ein junges Paar griff nach uns und schob uns mitten in den Pulk. Wir sahen in unserer vornehmen Zurückhaltung so hilflos aus, dass die Beiden sicher dachten: „Das Kämpfen lernt man nur im Krieg! Also in´s Getümmel mit den zwei Versagern." Doch genau das war unser Glück, denn David und ich fanden uns nur wenige Minuten später im Bus wieder und zwar ohne zu kämpfen. Allerdings taten das unsere Hinterleute umso besser. Es war das junge Paar. Sie benutzten uns als Schild, denn Ausländer werden auf Kuba mit Glaceehandschuhen angefasst und bei allem Warten auf ein öffentliches Verkehrsmittel wusste man ja nie wann man mitkam, oder wie lange man hätten auf das nächste Transportmittel warten müssen. Also, um eine Mitfahrgelegenheit zu kämpfen machte schon irgendwie Sinn.

Der alte Ikarus fuhr also an uns und dem Motor-auf-dem-Gras-Reparateur vorüber und wir erfreuten uns an der schönen Landschaft, dem Wolkenspiel des wundervollen Himmels. Als wir irgendwann ausstiegen machte mich David auf eine Mimose aufmerksam. Noch nie vorher sah ich eine solch seltsame Pflanze. Sie war wirklich sehr empfindlich. Bei der geringsten Berührung schlossen sich die Blätter. Ewig hätte ich mit diesem Spiel fortfahren können. Berührung, wegzucken, warten, berühren, wegzucken, warten, berühren, wegz....

Wir wollten weiter. Uns dicht auf den Fersen zwei etwa zehnjährige Jungen. Diese warteten ab, bis wir unsere nächste Pause einlegten. Dann kamen sie näher und scharwenzelten um uns herum. Nach geraumer Zeit sprach mich der ältere von beiden an. Ich verstand aber nur das Altbekannte: „ One Peso." Auf Bettelei aber, hatte ich wenig Lust. Ich fragte, warum er diesen Peso haben wolle. Es heißt zwar immer, es gibt keine dummen Fragen, aber das stimmt nicht. Die eben von mir gestellte war nicht nur dumm, sondern, und jetzt sind wir doch alle mal ganz ehrlich, saudämlich. Was wollen Halbwüchsige wohl mit Geld? Natürlich. Nichts schöneres gibt es als sein sauer verdientes Geld für sinnloses Zeug zu verplempern. Das weiß doch jeder.

Einen potentiellen Kunden spricht man auf alle Fälle nicht an, wenn dieser abgespannt oder genervt ist. Die beiden Nachwuchsverkäufer aber hatten den rechten Zeitpunkt voll erwischt. Wir waren ausgeruht und für alles, was da auf uns zukommen sollte, offen. Für fast alles, denn was ich als Verkaufsprodukt erkennen konnte, war ein durchsichtiger Plastebecher, randvoll gefüllt mit braunem Laub. Ich glaubte meinen Augen nicht zu trauen. Dass man unter Touristen einige schlichten Gemütes findet, war uns schon klar, dass wir selber aber für diese Sorte gehalten wurden, ärgerte uns sehr. Aber nein, ein Irrtum.

Der Kleinere von beiden stülpte den Becher, als er meinen fragenden Blick sah, um. Heraus kroch, in genau dieses Laubbraun gehüllt, eine handtellergroße Spinne. Ich schrie und sprang zurück. Das hatte mir gerade noch gefehlt. Erschrocken sahen mich die jungen Burschen an und zuckten mit den Schultern. „Was hat der denn?", „Vielleicht hat er schon `ne Spinne". „Schade". Den Zweien fehlte es natürlich noch an Cleverness, denn mit meiner Arachnophobie hätten sie ein gutes Geschäft und jede Menge Schotter machen können. Wären die beiden mit der Spinne in der Hand hinter mir hergelaufen, ich hätte ihnen alles gegeben. Sie müssen halt noch lernen.

Einige Schritte weiter – ein Museum. Wenn wir hier hätten reingehen wollen müssten wir erst die Kartenverkäuferin hinter dem Schalter wecken. Daß das Arbeiten im Sozialismus so relaxt ist hätten wir in unseren kühnsten Träumen nicht erwartet. Nach einer Büroangestellten war das die zweite Angestellte die wir schlafend während ihrer Arbeitszeit beobachteten. Da bekommt der

Ausspruch: „Sein Geld im Schlaf zu verdienen" eine völlig neue Wertigkeit.

Gegen Abend befanden wir uns dann wieder in der Stadt in einer schmalen Nebenstraße und   trafen dort auf eine große Menschenansammlung. Alle schauten auf ein, von zwei kleinen Strahlern beleuchtetes, Fleckchen. Dort tobten sich die Protagonisten eines skurrilen Schauspiels aus. Um was, genau, es darin ging, wussten wir nicht so genau, aber es musste etwas mit der Lebensweise der Kubaner, speziell den Männern zu tun haben, denn fast ausschließlich die zuschauenden Frauen lachten über die performten Witze. Da wir nichts verstanden schauten wir uns die Zuschauer an, was mindestens genauso unterhaltsam war. Denn hier fanden wir einen Querschnitt der Bevölkerung. Von der Vier- bis zum Neunzigjährigen war alles vertreten. Die Kinder verstanden die anzüglichen Witze natürlich nicht, lachten aber genauso herzhaft, wie die Omas, über die Travestie-Show der Laiendarsteller. In lustiger Art und Weise wurde hier, so fanden wir später heraus, der kubanische Macho karikiert. Der tolle Abschluss eines tollen Tages. Wie so oft in letzter Zeit gingen wir erfüllt ins Bett.

The war of taste, a neverending story

Am darauffolgenden Tag fiel unser Frühstück dürftiger aus als sonst, weil der Bäcker mit seinem Verkaufsfahrrad noch nicht durch war und wir auf Haferflocken und lauwarmes Leitungswasser keine Lust hatten. Die Alternative wäre Haferflocken und wenige Scheiben Mango (hauchdünn geschnitten). Aber etwas zu essen fanden wir in der Stadt immer. David probierte gerne interessante Schnellgerichte aus. Ich tat mich damit schwer. Im Gegensatz zu den Einheimischen mag ich fettes Fleisch überhaupt nicht, doch ein in dieser Stadt beliebtes Imbissgericht sah wie folgt aus: In einer Pappschachtel, ähnlich der, die man bei uns im Burgershop erhält, nur ohne Werbeaufdruck und ungebleichtem Karton, befindet sich gekochter Reis. Darauf kleingeschnitten und gebratenen Fleisch, etwa so groß wie Gulaschstückchen, wir nehmen an Schwein, ohne Soße, mit einem sehr geringen Magerfleischanteil. Gemüse war natürlich auch in der Schachtel. Wir hielten es anfangs für Obst, denn auf den ersten Blick sah das gelbe Etwas wie ein Stück Honigmelone aus. Wirklich aber war es gedünsteter und gewürzter Kürbis. Ein vollwertiges Gericht also. Mit Kohlenhydraten, Fetten und Eiweiß. Der Ökohammer an sich aber, war der Löffel, es gab nämlich keinen. Auf unsere Frage wie wir denn essen sollten, zeigte uns der Nette Verkäufer, wie man den Deckel der Schachtel so falten kann, dass er vorzüglich als Löffel taugt. Das alles wirkte auf uns schon ein bisschen speziell, aber Müllberge wie in den sogenannten fortschrittlichen Ländern gibt es hier nicht. Na gut, hier liegt der Müll, gleichmäßig verteilt, obererdig, denn alle Menschen, ob jung oder alt, die wir hier mit Abfall in den Händen sahen, warfen denselben, wie anfangs erwähnt, ohne Rücksicht auf Verluste achtlos weg. Jetzt könnte man natürlich denken es fehlen die Papierkörbe. Aber nein, nicht im Geringsten. Abfallbehälter an jeder Ecke, manchmal sogar mehr als in Deutschland. Ein kleines Beispiel: Auf einer Parkbank sitzend, beobachteten wir eine Frau mittleren Alters. Sie saß uns gegenüber, ebenfalls auf einer Bank, und trank aus einer Dose Cola. Die Getränkedose wurde geleert und flog in hohem Bogen, wohlgemerkt, an der Bank befand sich ein leerer Papierkorb, hinter dieselbe. Wir konnten unser Lachen nur schwer unterdrücken. Man stelle sich das in Deutschland vor. Selbst wenn das Ordnungsamt nicht in der Nähe ist, hätte man auf der Stelle, und sei es in der Nacht, mindestens fünf selbsternannte Hilfssheriffs am Hals.

Jeder von uns kennt doch die Situation, einmal falsch sein Auto abgestellt zu haben. Man weiß das auch, ist voraussichtlich nur fünf Minuten unterwegs, hat das Auto gerade abgeschlossen und befindet sich bereits, schwer bepackt, einige Meter entfernt. Plötzlich das, was man eigentlich überhören will und anfangs tut man das dann auch. „Parken ist hier aber verboten!" Bloß nicht umdrehen. „Hallo Sie!!!!" Ignorieren, oder weitergehen? Noch brauch ich mich nicht angesprochen fühlen. „Mit der Glatze!!!" Es war vorbei. Ich kann nicht länger sorglos weiterlaufen. Der Hobbyordnungshüter, der mit seiner Gehhilfe hinterherhinkt, kommt bedrohlich nah. Nun wäre der richtige Zeitpunkt für einen Dauerlauf. Doch wenn ich jetzt zu rennen anfange werfen sich sicher die Hilfssheriffs des Hilfssheriffs auf mich und so ein Aufheben will ich dann doch nicht machen. Die Achtung vor seinem hohen Alter lässt mich dann, genau vor dem Geschäft in dem ich meine Besorgung machen will, umkehren, und eine viertel Stunde nach einem legalen Parkplatz suchen.

Die Dosenwegwerferin hingegen ging ohne sich um den Müll zu kümmern und wir blieben sitzen. Als nächstes sahen wir einen Jugendlichen, so etwa zwischen zwölf und sechzehn Jahre alt, weiß. Er wechselte flotten Schrittes, wie alle hier lebenden Straßenüberquerer, denn auf dieselben nahm kein Autofahrer so richtig Rücksicht, die Straßenseite. Kurz vor seinem Ziel aber, blieb er stutzend stehen. Sein hellwacher Blick ging zurück, Richtung Straßenmitte, und wir glaubten unseren Augen nicht zu trauen. Dort, in der Sonne blitzend und von den PKW's mehrfach überrollt lag, nur für aufmerksame Augen sichtbar, ein Stück Papier. Der Bursche sprang todesmutig wie uns schien zurück, um es aufzuheben. „Was für ein guter Junge" dachte ich, hatte Tränen in den Augen und den Glauben an die Jugend wiedergefunden. Endlich traut sich einer gegen den Strom zu schwimmen und dem Müll den Kampf anzusagen. Hoffentlich gelangt der Junge nun wieder sicher auf seine angepeilte Seite, dann hätte sich das Aufstehen heute früh wirklich gelohnt. Aber nein! Was tat er denn jetzt? Sehr genau schaute er sich das eben aufgehobene Stück an und warf es, zwei Meter vor einem Papierkorb stehend, zurück auf die Straße. So ein elender Rotzlöffel. Langsam erhob sich David und ging auf die Gruppe Menschen zu, zu denen sich der Papier-Aufheber-und-wieder-Wegwerfer gesellt hatte. Er wird ihn doch nicht maßregeln oder gar schlagen wollen? Nichts dergleichen geschah. Unweit vor den, sicher auf den Bus Wartenden, blieb er stehen und pfiff die Gruppe an. David wollte die volle Aufmerksamkeit. Als die komplette Gruppe zu ihm rüber sah bückte er sich, und fing an Papier aufzusammeln und in den Abfallkorb zu werfen. Ich blieb sitzen und beobachtete David's Beobachter, die sein Tun hartnäckig ignorierten.

Der Kutscherpfiff

Zu Hause angekommen mixten wir für jeden noch einen Cuba Libre und setzten uns auf eine der Bänke die in dem kleinen Park hinter unserem Haus standen. Es war nicht spät, aber schon dunkel. Das ist in Äquatornähe normal und uns störte es wenig. Wir wollten ruhig in die Nacht gleiten. Die Tage hier fühlten sich an, wie Dauerrasen auf der Autobahn. Der Mond schien hell, so konnten wir gut erkennen, was auf den anderen Bänken so getrieben wurde. Wir sahen fünf und alle waren besetzt. Auf einer uns im Rücken stehenden unterhielten sich zwei alte Frauen. Eine von ihnen trug ein in Tücher gewickeltes Baby auf dem Arm. Es schlief unruhig, denn ab und zu hörten wir es grummeln. Rechts neben uns, aber soweit entfernt, dass wir die Geschlechter der Menschen, die darauf saßen, nicht mehr auseinanderhalten konnten, standen drei weitere Bänke. An zwei fehlten alle Holme der Lehne. Bequemes Sitzen wird überbewertet. Die Leute auf den kaputten Bänken saßen auch alle schön rückengerecht. Super, man spart nicht nur Holz, sondern auch die Physiotherapie. Links vor uns, etwa zwanzig Meter entfernt, fing das junge Paar, das diese Bank für sich in Beschlag nahm, zu schmusen an. Das war unser Zeichen. Wir hatten hier nichts mehr verloren und wollten zurück in unsere Wohnung gehen. Als wir aufstanden, um uns zum Gehen abzuwenden unterbrachen die beiden frisch Verliebten ihr Tun. Das Mädel beugte sich zur Seite. Was nun geschah, sieht man so, bei einer zärtlichen Umarmung in Deutschland nicht, sondern allenfalls auf dem Fußballplatz. Ich sage nur:„ Kutscherpfiff." Wir konnten nicht glauben was unsere Augen da erblickten. David schaute mich an. Sollten wir uns so geirrt haben? Ich zuckte mit den Schultern. Fremde Länder – fremde Sitten. Aber nein, die Schöne wiederholte diese Prozedur jetzt mit ihrem anderen Nasenloch. Danach widmeten sich beide erneut ihrem eben unterbrochenen Austausch von Zärtlichkeiten. Für Leser, die nicht wissen was ein Kutscherpfiff ist, sei kurz erklärt, dass man, wenn man ihn durchführt, mit seinem rechten Zeigefinger fest auf die rechte Seite seiner Nase drückt. Das Nasenloch sollte fest verschlossen sein. Danach tief durch den Mund einatmet, denselben dann fest verschlossen hält, um mit einem heftigen Stoß die Luft, die sich noch in der Lunge befindet explosionsartig durch das linke Nasenloch abzulassen. Das gleiche wird dann mit dem linken Nasenloch gemacht und im Idealfall hat man danach eine saubere Nase und saubere Kleider. Angemerkt sei, dass jeder der diesen Kutscherpfiff gut beherrschen will schon ein bisschen Übung braucht und üben, glauben sie mir, üben sollten sie allein.

Medikamente

Der nächste Morgen brachte wieder einen leuchtend blauen Himmel und ein laues Lüftchen hervor. David hatte sich etwas erkältet und wollte noch im Bett liegen bleiben. Mir war das recht. Ich nahm die Medikamente, die mir ein Freund in Deutschland für eine befreundete kubanische Familie mitgegeben hatte, suchte die Adresse des ihres Hauses heraus und ging. Ohne Stadtplan war das gar nicht so einfach, doch die nach dem richtigen Weg Befragten gaben bereitwillig Auskunft. Ich fand mich in einer Gegend wieder, wo Schilder mit den Straßennamen als überflüssiger Luxus galten, denn sie fehlten. Die Straßen dieser Gegend waren recht eng. Ein Stoppschild, dessen Rückseite erkennen ließ, dass es aus dem Deckel eines alten Ölfasses gefertigt worden war, ließ mich schmunzeln. Wahre Ökologie ist second hand. Die Häuser, dichtgedrängt und aus Stein, machten einen müden Eindruck. Auf der linken Seite ein Haus mit wunderschön gestaltetem Eingang. Zwei viereckige Säulen hielten oben einen verzierten Sandsteinsturz. Die unverputzten Steine mit denen der Durchgang verengt wurde, nahmen dem Gebäude jegliche Eleganz. Einige Fensterlichten wurden irgendwann nach der Revolution auch einmal verkleinert, was der Optik nicht unbedingt zu Vorteil gereichte. Dafür waren die Öffnungen und auch die Eingangstür mit prächtigen schmiedeeisernen Gittern versehen. Ich sah den einstigen Glanz vor meinem geistigen Auge. Eine deutsche Baufirma hätte mit einem einzigen Straßenzug hier Arbeit bis ans Ende ihrer Tage. Rechts von mir stand das Wrack eines ehemals silberfarbenen VW Käfer. Durch den Rost bildete braun nun die Hauptfarbe des Gefährts. Das Alter war schlecht zu schätzen, die Reifen platt und alle Scheiben fehlten. Ein Bäumchen wuchs aus seinem Armaturenbrett. Obwohl ich den Kubanern autotechnisch so einiges zutraue, glaube ich nicht, dass aus diesem Haufen Schrott wieder ein funktionstüchtiger Untersatz werden wird.

Der Türklopfer an der Eingangstür machte ordentlich Krawall. Eine Frau, so um die sechzig, öffnete mir und staunte nicht schlecht, dass ein Tourist in diese Gegend gefunden hatte. Ich erklärte ihr in einfachen Worten, was ich hier wolle und streckte ihr, sie freundlich anlachend, meine Hände, die das Päckchen mit den Medikamenten hielten, entgegen. Die Dame des Hauses bat mich herein und rief ihren Mann. Dieser kam dann auch in's Zimmer und brachte, im Schlepptau, den Großvater mit. Der Hausherr bat mich, Platz zu nehmen, was ich gerne tat, denn draußen war es warm und die lange Suche hatte mich erschöpft. Wir saßen in einem etwa dreißig Quadratmeter großen, kühlen Raum. Ich genoss den Kaffee, den meine Gastgeberin für mich bereitet hatte und schaute mich um. Ein sehr schöner, mit Mosaiken verzierter, alter Steinfußboden, eine Wand hellblau, eine weiß und zwei Wände waren orange angepinselt. Hier hat man es halt lieber farbenfroh. Eine Couch, zwei Stühle, ein Hocker. Der Großvater nahm für sich den Schaukelstuhl in Anspruch, der in einer Ecke nahe des Fensters, welches einen Blick auf die Straße zuließ, seinen Platz hatte. Vor mir stand ein kleiner Tisch, nicht sehr hoch, und auf ihm mein Kaffee, der so stark wie ein Espresso war. Vielleicht war es auch einer. Nach Knigge sollte man ja, wenn man eingeladen ist und Espresso angeboten bekommt, nach ca. einer halben Stunde die Fliege machen, doch so lange wolle ich sowieso nicht bleiben. In den Fenstern fehlten die Scheiben. Ein sanfter Windhauch zog durch den Raum. Es war angenehm kühl. Die Familie zeigte mir Fotos ihrer Tochter, die ich nicht kannte und doch durch die mitgebrachten Medikamente eine Verbindung zu ihr hatte. Wir redeten bis uns, also eher mir, der Gesprächsstoff und die Vokabel ausging. Das dauerte etwa fünfzehn Minuten. Ich selbst fand mich, mit einer Viertelstunde einfachem smal talk, gar nicht so schlecht. An der Haustür drückte mir die freundliche Familie noch einen Beutel unreifer Mangofrüchte in die Hand. Ich freute mich darüber, verabschiedete mich und ging den Weg den ich gekommen war wieder zurück. Inzwischen brach die elfte Stunde an. Ich wollte schnell zurück, um zu sehen wie es David ging, wurde aber an der nächsten Ecke aufgehalten. Vor ihrem Haus bot mir eine etwa Achtzigjährige ein Gespräch an. Natürlich ging ich darauf ein, denn das eben Gesprochene war noch ganz frisch und oftmalige Wiederholung macht ja bekanntlich den Sprachmeister. Mittlerweile wurde es unangenehm heiß und die Frau zog mich ins Haus. Wir saßen im Wohnzimmer. Die Tür blieb geöffnet, denn so war die Straße vom Platz meiner Gastgeberin gut einsehbar. Einige Dinge sind halt überall gleich.

In eine Ecke des Zimmers hatte die alte Dame einen kleinen Hausaltar positioniert, eine Marienfigur, ein kleines Kruzifix aus Holz und zwei Kerzen, eine weiße Pyramidenkerze und eine etwas dickere grüne. Darüber, an der Wand hängend und in einen Metallrahmen gefasst, ein Jesusbild. Daneben hing ein, fein säuberlich mit Klebestreifen an der Wand befestigtes, Foto von Che und einer Menschengruppe vor einem Zuckerrohrfeld. Es war aus einer Zeitung ausgeschnitten und stark verblichen. Zwischen uns kam ein relativ munteres Gespräch

zustande. Sie erzählte mir auch, dass sie eine der jungen Frauen auf dem Foto sei. Hier hätte ich gern perfektes Spanisch gesprochen, da ich einer Zeitzeugin der Revolution gegenübersaß und sie gerne gefragt hätte, wie sie über Dinge aus dieser längst vergangenen Zeit und heute so dachte. Was sie denn von Fidel hielt, wollte ich von ihr wissen, und erhielt die von mir nicht anders erwartete Antwort, dass er ein Heiliger sei. Wir haben immer satt zu essen und brauchen für den Doktor kein Geld. Ja und lesen, schreiben und rechnen kann heute auch jeder.

Mein Gesprächstoff neigte sich wieder dem Ende und ich erhob mich zum Gehen. Wir verabschiedeten uns und eine Stunde später fand ich mich im Wohnviertel unserer Wohnung wieder.

Rackern wie ein Berserker

David ging es nicht viel besser. Wir liefen, um eine Apotheke zu suchen und bogen in eine Straße ein, die von Motorenlärm und blauem Dunst erfüllt war. Uns kam, rückwärts, ein nicht allzu großer Radlader mit offenem Verdeck entgegen gerast. Der Fahrer sah uns nicht und wir sprangen weg, um nicht überfahren zu werden. Obwohl, mit Sicherheit wäre ich auf dem Friedhof der Einzige auf dessen Grabstein stehen würde: In Kuba vom Radlader überrollt. Auf der anderen Straßenseite blieben wir stehen.

So konnten wir dem fleißigen Kraftfahrer bei seiner Arbeit zuschauen. Vor einem Haus lag ein Bauschutthaufen. Ich schätze, so um die fünf Tonnen. Der Bauarbeiter fuhr sein Arbeitsgerät, es war eine moderne CAT, in unglaublicher Geschwindigkeit -ich betone: die Straße war nicht abgesperrt und wir hatten regen Publikumsverkehr - rückwärts auf den Schutthaufen zu. Er schoss an ihm vorbei, zog leicht nach links und raste, den Frontlader in voller Fahrt schon senkend, in den Haufen rein. Frontlader hoch, Rückwärtsgang, Vorwärtsgang und in einem Affenzahn auf den zwanzig Meter entfernt stehenden Anhänger zu. Kurz vorher Vollbremsung, den Lader ausgeklinkt und wieder den Rückwärtsgang rein. Wenigstens schaltete der Fahrer jetzt eine rote Rundumleuchte ein. Mittlerweile standen auf der gegenüberliegenden Straßenseite so um die dreißig Leute, denn die Show die sie hier zu sehen bekamen, war selbst für deutsche Verhältnisse erstaunlich. Arbeiten bis der Arzt kommt. Das was hier abging hatte noch keiner der stehengebliebenen gesehen. Der Fahrer bemerkte die vielen Menschen, die ihn inzwischen mit Applaus anfeuerten, was seinerseits zu einer nochmaligen Erhöhung der Geschwindigkeit führte. Immer wenn er rückwärts am Haufen vorbei raste und eine Vollbremsung machte, ging das Fahrzeug hinten in die „Knie" und bäumte sich vorn soweit auf, dass die Vorderräder ein Stück in die Luft gingen. Immer wenn dies geschah, jubelten alle Zuschauer wie in der Arena, wenn der Torero vor dem Stier eine besonders wagemutige Kapriole vollzog. Der Protagonist dieses skurrilen Schauspiels hob seinen rechten Arm in die Höhe und ballte seine Faust, gerade so wie ebendieser Stierkämpfer, um dem Publikum seine Mannhaftigkeit und Leidenschaft zu zeigen. Soviel Enthusiasmus in der Arbeit hatten auch wir noch nicht erlebt. Wie sollten wir nur sein unermüdliches Engagement für den Sozialismus belohnen? Wie im Rausch hantierte der Fahrer, in traumhafter Sicherheit, an den Bedienelementen des gelb schwarzen Bullen. In einer Stunde wollte er die Lethargie der letzten vierzig Jahre abschütteln und alle Zuschauer waren mental ganz, ganz nah bei ihm. Dieser Held da gehörte nicht an die Schalthebel einer schnöden Baumaschine. Nein, er gehörte an die Schalthebel der Macht. Die Leute jubelten ununterbrochen. Ich konnte nicht verstehen was sie riefen, sicher: „Bauarbeiter for president." oder „Führ uns zum Licht!"

Nach etwa fünf Minuten waren die Ladefläche des LKW und der Anhänger voll beladen und die Show vorbei. Ein anderer Arbeiter fuhr den alten W 50 mit dem Bauschutt dann sonstwohin. Der Arbeiter der eben noch rasend schnell mit seiner Maschine unterwegs war stellte den Motor ab nahm sich ein Pausenbrot und eine Zeitung aus seiner abgewetzten Aktentasche, stieg vom Fahrzeug, setzte sich in den Schatten der Häuserwand, zog das Schild seiner Kappe tief in's Gesicht und schloss die Augen. Ying und Yang im Gleichklang.

Die Zuschauermenge hingegen löste sich, völlig emotionslos, auf.

... kann man immer mal gebrauchen

Davids Gesundheitszustand verbesserte sich zusehends und wir mussten uns beeilen, ehe die Krankheit verflog, bis wir die Apotheke erreichten. Wollten wir uns doch das Angebot, Beratung und Verkaufsstrategie ansehen, ohne Gefahr zu laufen, als Gaffer abgestempelt zu werden. Mein kranker Kamerad war schon gar nicht mehr so krank wie am Morgen, also drängte die Zeit.

Im Gegensatz zu den Lebensmittelläden waren die Medizinläden sehr modern eingerichtet. Drei Angestellte standen zwischen einem fünfundvierzig Grad abgewinkelten, etwa sechs Meter langen Tresen und einem genau so langen Regal. Alles sehr mitteleuropäisch und unmodern. Doch niemanden schien das zu stören und David und mich sowieso nicht. Wir gehören zu der Generation, der der Inhalt noch wichtiger ist als die Verpackung. Wir wurden lachend erwartet. Sicher hatten sie uns schon eine Weile durch das Schaufenster hindurch beobachtet. Die Spanischlektionen mit Herrn Garcia ließen Krankheiten außen vor, denn als ich ihn darauf ansprach, meinte er beschwörend, würde einer von uns krank, sollten wir sofort nach Deutschland zurückfliegen.

Also bastelte ich mir vor der Apotheke, mit meinem Wörterbuch die passenden Sätze zusammen. Die Angestellten waren sehr geduldig mit uns und David hätte mich nicht gebrauch. Die Zeichensprache ist eben voll sein Ding. Höchstwahrscheinlich würde er eine Weltreise machen können und ohne auch nur ein einziges mal den Mund zu öffnen könnte ihn jeder verstehen. Er sollte eine Ausbildung als Gebärdendolmetscher anfangen.

Wie dem auch sei. Vor ihm lagen mittlerweile drei verschiedene Packungen Antibiotika und ein Ende war noch nicht abzusehen. „Findest du das nicht zu fett, wegen deinen jetzt noch minimalen Schmerzen die große Keule auszupacken?" Fand er nicht. Ich muss hinzufügen, dass David, was Medikamente betrifft, ein eher seltsames Verhalten an den Tag legt. Viel später erst erfuhr ich, dass David zu Hause alte und nicht aufgebrauchte Medikamente hortete um im Ernstfall darauf zurückgreifen zu können. Ebenfalls später erfuhr ich, dass die Kubaner unheimlich gerne Medikamente einnehmen. Ich zähle jetzt Vitaminpräparate und solches Zeugs mal dazu. Die Apothekerinnen und mein fast genesener Freund bildeten somit ein eher ungünstiges Gemenge. Doch David entschied sich nun für eine Packung, die ihn recht gut genesen ließ und sollte etwas übrig bleiben...

Buena vista social club

Gegen Abend waren wir, wie jeden Tag, im Zentrum unterwegs. Bayamo ist ein kleines, ziemlich unbedeutendes Städtchen, doch all das was man zu sehen bekommt ist echt und nicht für die Urlauber zurechtgestutzt.

Wir bogen in eine Seitenstraße ein und ich stieß mit meinem Brustkorb gegen einen Draht. Weil hier gebaut wurde war die Straße abgesperrt, aber nicht wie man annehmen sollte, mit einem rot – weißen Band, oder vielleicht mit einer bunten Wimpelkette, sondern mit einem etwa drei Millimeter dicken Draht auf etwa 1,30m Höhe. So etwas kenne ich nur aus Filmen. In denen hält man sich damit lästige Verfolger vom Hals. Bestenfalls sind die dann einen Kopf kürzer. Wer nun denkt die Absperrung wurde links und rechts nur lose an den Häusern befestigt, liegt völlig falsch. Schön straff hing der Draht auf sieben Meter nur eine Handbreit durch. Total irre. Wir suchten uns einen anderen Weg.

Ein kleiner Platz, umringt von alten Kolonialbauten, ließ uns wesenlos in eine andere Zeit schweben. Solche Orte lieben wir sehr. Kein Spiel, alles ursprünglich. Zumindest wollten wir das glauben und die Umgebung mit ihren Menschen machte uns dies recht leicht. Wir fühlten uns wohl, beobachteten die Vorübergehenden, aßen etwas.

Der plattgedrückte Müsliriegel aus Deutschland, David fand ihn, in seiner Hosentasche, schmeckte trotz seiner knautschigen Konsistenz. Wenn man richtig hungrig ist, darf dann auch mal Sand zwischen den Zähnen knirschen. Die Bank, auf der wir saßen, drückte fürchterlich im Rücken, weil drei der vier Holme unserer Lehne fehlten. Gerade als wir wieder aufbrechen wollten tat sich etwas vor einer Häuserwand. Sieben Musiker mit einem, mit Instrumentenkoffern beladenen Holzkarren, klapperten über das holprige Straßenpflaster und begannen, als sie einen geeigneten Platz gefunden hatten, ihre Instrumente auszupacken. Verdutzt schauten wir uns um. „Wird das hier ein Konzert vom Buena vista social Club?" Das wäre ja der Superhammer schlechthin.

Rein äußerlich passten die Musiker, aber um es vorweg zu nehmen. Es waren nicht die berühmten Tonkünstler der Insel.

Alt, sehr alt und gekleidet in feine Anzüge die zwei Sänger, lange dunkle Hosen und kurzärmliche Hemden, die Anderen. Einige weiß, die anderen bunt- gestreift. Musik in solchen Größenordnungen wird doch fast ausschließlich für Urlauber aufgeführt? Haben sich, außer uns, hier irgendwo welche versteckt? Oder karren sie eventuell heute Abend noch einige Busse rann? Auf dem Platz befanden sich nicht mehr als fünfundzwanzig Menschen. Die Kapelle tat uns leid, sich vor so einem mickrigen Publikum, mit ihrer Musik die Brötchen verdienen zu müssen. Doch als die Musiker zu spielen begannen füllte sich, nach und nach, der kleine Platz. Die Zuhörer kamen aus allen Gassen gelaufen, um zu sehen, zu hören und zu tanzen. Leicht beschwingte Salsarythmen, sollten den Tag für uns gut abrunden und den Abend ruhig ausklingen lassen. Wir stellten uns also zu den anderen Leuten ganz nach vorn. So konnten wir besser sehen. Wie die Einheimischen in das Wochenende hinein feierten, gefiel uns ausgesprochen gut und sollte einige Blicke wert sein. Das Konzert war nicht nur eine Musik-, sondern auch eine Tanzveranstaltung. Mittlerweile standen, saßen oder tanzten so an die dreihundert Vergnügungssüchtige auf dem Platz. Von ganz jung, selbst die Kleinkinder wurden bis tief in die Nacht mitgeschleppt, bis sehr alt, lieben anscheinend alle diese Musik. Als erste fingen eine etwa achtzigjährige Frau und ihr etwa gleichaltriger Ehemann zu tanzen an. Die Dame, gekleidet in ein knöchellanges dunkelblaues Abendkleid und halbhohe Absatzschuhe, wurde von ihrem Tanzpartner in korrekter Haltung, bei uns würde man sagen über's Parkett geführt. Hier waren es die Pflastersteine. Mit traumhafter Sicherheit bewegten sich die Zwei zur Musik. Ich war neidisch, weil ich jetzt gerne, genau wie die Beiden, mit meiner Frau hier tanzen würde. In Vorbereitung auf diese Reise hatten wir in einer Tanzschule Salsa tanzen gelernt. Vielmehr versucht es zu lernen.

Unsere Tanzlehrerin, eine privat sehr liebe aber dienstlich hammerharte Russin, schonte uns nicht. Wir sollten in eine bereits bestehende Gruppe von Tänzern untergebracht werden, aber vorher noch den Leistungsausgleich durch harte Arbeit kompensieren. Das hieß für uns, einmal in der Woche zwei Stunden Einzelunterricht. Nach jeder dieser Übungseinheiten war dann auch klar, warum die Russen im Sport so erfolgreich sind, denn die Traineraugen ruhten ständig auf uns. Laute STOP-... RECHTSRUM-... LINKSRUM- ...2,3,4,tatam, tatam... 2,3,4,tatam, tatam- Kommandos hielten uns in einer Dauerhab-acht-Stellung, und ich hoffte inständig, sie behielt ihre Knute in der Tasche. Am Ende kannte ich links und rechts nicht mehr auseinander, hatte Probleme mich zu orientieren. Hätte mich mein deutschsprechender Spanischlehrer, Herr Garcia, auch nur halb so geknechtet wie unsere Tanzlehrerin, ich wäre Simultandolmetscher geworden.

Wir standen also auf diesem schönen Platz, hören Musik und sahen dieses alte bezaubernde Paar tanzen. Vor der Bühne schwang ein Herr, so um die Siebzig und allein, seine Hüften. Er war einfach gekleidet, wie die meisten hier. Hinter uns standen drei Frauen die offensichtlich zusammengehörten. Laut redeten sie über etwas, das wir nicht verstanden und deuteten dabei auf den Alten. Erst dachten wir, sie machten sich über ihn lustig, aber mitnichten. Eine der etwa halb so alten Frauen, ging zu ihm hin, stellte sich visa-vis vor ihm auf und tanzte ihn vorsichtig an. Er nahm sie in seinen Arm und man hätte meinen können beide seien Turniertänzer. Sanft schob er sie in einer Anmut übers Pflaster, die mich beeindruckte. Der alte Herr trug einen ausgefransten Strohhut mit schwarzem Schweißband, ein zerschlissenes weißes Hemd und eine graue lange Hose, welche die besten Tage auch schon hinter sich hatte. Also kein Typ, der Frauen anzieht. Höchstwahrscheinlich aber hatten die Frauen sofort sein tänzerisches Potential erkannt. Die beiden harmonierten mit ihrer Kleidung ausgesprochen gut. Sie trug ein feuerrotes, am Kragen und dem Saum, schwarz abgesetztes, knielanges Kleid. Ihr Haar war schulterlang, nur nicht wie das seine, zu einem Zopf gebunden. Schlohweißes und pechrabenschwarzes Haar.

Unser Potential haben leider auch alle erkannt, denn wir, so fürchtete ich, blieben für den Rest des Abends alleine stehen.

Gabriella

Doch gerade als wir gehen wollten kamen wir mit einer drallen, etwa vierzigjährigen Schwarzen in Kontakt. Sie trug ein dunkelgelbes, mit hauchdünnen Litzen versehenes Kleid. Die unsystematisch angeordneten bunten Querstreifen verzieren die weiten, bis zum Ellenbogen reichenden Ärmel und fast das gesamte Vorderteil. Unter dem Saum, der fast bis zum Boden reichte schimmerten rote Ballerina-Schuhe hervor. Zwei farbenfrohe Tücher, keck um den Hals geschwungen, rundeten ihr Erscheinungsbild ab. Die Frisur war ein beindruckendes Flechtwerk geschätzter Millionen von Ringelwürmer-Zöpfchen und dünne Fäden, auf denen in gleichmäßigen Abständen bunte Perlen aufgereiht waren. Diese Pracht zwang uns förmlich zur Aufmerksamkeit. Es war ein hübsches, freundliches Gesicht und eine Bekanntschaft der angenehmeren Art. Gabriella, das war der Name unserer neuen Bekanntschaft, gab vor Ärztin zu sein und ist ein überaus eloquenter Mensch. Als sie uns ansprach sagte ich ihr, dass die Kubaner, für Europäische Ohren viel zu schnell sprächen. Also speziell für meine, und da Frauen mit der Sprache in Rätseln gut umgehen können, hoffte ich, dass sie verstand und ihre Wortgeschwindigkeit reduzieren würde. Sie aber begriff das als überflüssige Information, denn das wüsste sie bereits, nickte und redete ungebremst weiter. Dann hielt ich sie an, sehr, sehr langsam zu sprechen. Daran erinnerte sie sich, immer wenn ich es ihr sagte, ungefähr zwanzig Sekunden. Von dem was sie also redete verstand ich herzlich wenig, aber durch zustimmendes Kopfnicken, was ja Frauen und Männern gleichermaßen gefällt, konnte ich das ganz gut vertuschen. Die Schwierigkeit allerdings war hierbei, dies im richtigen Moment zu tun und noch viel wichtiger, dies im richtigen Moment nicht zu tun. So hangelten wir uns die nächste viertel Stunde durch ihre Sprachschwalle und weil wir eben noch das Fest verlassen wollten, fragten wir sie, ob sie uns nicht eine Bar zeigen könne, die ausschließlich von Kubanern besucht wird. Gabriella wurde betriebsam und als wir uns durch die, immer noch auf dem Platz stehenden,

Menschenmassen drängten, sprach sie im Vorbeigehen eine offenbar gute Freundin an. Sie umarmten sich herzlich und zu viert gingen wir weiter. David vornweg. Er trennte das Meer aus Menschen für uns, wie einst Moses das Rote. Wir drei trotteten beschwingt hinterher. Zu viert gingen wir nun in eine unbeleuchtete Straße in ein entlegenes Viertel. Ich hatte Bedenken. Irgendwie wurden wir nicht klüger, denn immer wieder gingen wir mit fremden Gestalten sonstwohin. Die beiden führten uns vor ein Gebäude, welches sehr an den Bauhausstil erinnerte. Davor, in viele kleine Grüppchen verteilt, etwa zwanzig Leute. Alle so um die Dreißig und in schicker Robe. Unsere Begleiterin hatte uns eindeutig falsch verstanden. Wir zwei, in zerschlissenen Jeans und nicht minder ausgedienten T-Shirts, passten so gar nicht hierher. Doch wir sagten erst einmal nichts. Die beiden Türsteher würden uns ohnehin, wenn sie uns sahen, nicht einlassen. Gabriella hingegen drängte sich burschikos durch die Wartenden, sprach ein paar Worte mit den beiden Hünen die vor der Eingangstür Wache hielten und winkte fröhlich zu uns herüber. Das war nicht zu glauben. Die waren bereit uns, die wir mittlerweile wie zwei Tippelbrüder aussahen, einzulassen? Nachdem ich dem einen zwei Euro in die Hand drückte, brachte er uns in das Innere des Hauses und zusammen gingen wir eine Treppe herunter. Unten angekommen übergab er uns einem Kollegen, der uns grob durch die Tür, die er bewachen sollte, in einen mäßig beleuchteten Raum schob. Den Euro, den ich ihm in die Hand drückte, ließ er eilig in seine Hosentasche verschwinden. Mit anderen wollte er nicht noch teilen müssen. Jetzt standen wir in einer Nachtbar vom Feinsten. Alle Plätze waren besetzt und wir sahen wirklich nur Einheimische mit ihren Ehefrauen oder Freundinnen an den Tischen sitzen. Die Musik war nicht zu laut und das Licht nicht zu hell. Man hörte uns eintreten und, viel schlimmer noch, man sah uns auch. Ich fühlte mich unbehaglich, denn alle Augenpaare klebten, wie man es in jedem mittelklassigen Schinken im Kino sieht, an den Neuankömmlingen. Erst 'mal von der Tür weg. Aber wohin? Der Tresen war zwar nicht zentral aufgebaut, dafür aber, und das störte mich weit mehr, von Scheinwerfern in gleißendes Licht getaucht. Höchstwahrscheinlich, um alle Wohlhabenden hier in diesem Raum gut hervorzuheben, denn an der Bar zahlte man mit CUC, Euro oder Dollar. Der Raum war nicht sehr groß. In ihm standen zwölf kleine runde Tische, an denen je zwei Gäste saßen. In der Mitte eine etwa zwölf Quadratmeter große Parkettfläche. Keiner tanzte. Wir suchten uns eine Ecke in die wir uns stellten, um unbeobachteter zu sein, aber wirklich viel brachte das auch nicht. Ganze zehn Minuten hielten wir es aus, dann wollten wir gehen. Unsere Begleiterinnen konnten das nicht so richtig verstehen, aber keiner von uns wollte noch mehr Aufsehen erregen. Wir klärten das draußen vor der Eingangstür mit ihr. Die dort, nicht weniger gewordenen Wartenden staunten nicht schlecht als wir wieder auftauchten und fingen spontan an, den Rausschmeißern zu applaudieren. Vieleicht nahmen sie an, dass wir soeben an die frische Luft gesetzt wurden. Und ehrlich, das wäre nur gerecht gewesen, wenn ich diese gut gekleideten Menschen so neben uns stehen sah.

Gabriella zog uns weiter und zwanzig Minuten später fanden wir uns an einem Tisch in einer anderen Lokalität wieder. Fast so, wie wir es uns vorstellten. Zwar keine Bar oder Trinkhalle, aber ein nicht minder interessantes Zwischending aus Discothek und Tanzlokal. Die Veranstaltung verteilte sich über zwei Räume. Alle Gäste saßen an Vierer-und Sechsertischen, robuste Holzmöbel, oder tanzten. Das Alter des Interieurs war schlecht zu schätzen. Wahrscheinlich vorrevolutionär. Hauptsächlich amüsierten sich hier junge Menschen, doch auch die etwas betagteren Semester waren vertreten. Der Veranstaltungsort war, vor seiner Nutzung als Lokal, sicher eine mondäne Wohnung und ich fand das Ambiente hier atemberaubend. Die Holzverkleidungen der Zimmerdecken und Wände ließen eine gutsituierte Familie, die hier vor dem Machtwechsel wohnte, erahnen. Alles hier drinnen war alt und sauber. Einzig Neues in diesem Raum war der Tresen. Der allerdings hatte sicher auch schon dreißig Jahre auf dem Buckel. Hinter ihm stand ein junger Mann, der die Gäste bediente.

Was sie denn trinken wollen, fragte ich, vor unserem Tisch stehend, in die sitzende Runde und holte danach auch gleich das bei mir Bestellte. Hinter dem Tresen schaute mich, an der Wand hängend, ein Zigarre rauchender Che an. Ich zahlte, die Rechnung war gering, ging an unseren Tisch zurück und setzte mich zu meinen Begleitern. Eigentlich braucht man in so einem Lokal als Ausländer nicht viel zu tun. Nur sitzen und trinkend der tanzenden Schar zuschauen. Bei uns zu Hause gibt es Tänzerinnen und Tänzer auf denen man auch schon mal ein Auge zwei Minuten lang ruhen lassen kann, doch hier ist alles ein klein wenig anders. Ich switschte von einem Paar zum anderen und überall erkannte ich Figuren, Drehungen und Haltungen die unterschiedlich und schön anzuschauen waren. Die Körpersprache unserer Gesellschafterinnen kündigte Tanzbereitschaft an. Nur waren wir bereit? So richtig nicht. Doch ungeheuer selbstsicher warteten wir ab. An diesem Abend würden sich die gutaussehendsten und jüngsten Tänzer dieses Raumes reihenweise an uns die Zähne ausbeißen und ihre Körbe abholen, sollten sie an unseren Tisch kommen, um unsere Begleiterinnen zum Tanz aufzufordern. Obwohl ich genau wusste mein, in Beilrode erworbenes, Salsawissen nicht anwenden zu können, schlenderte ich doch mit zum Parkett, bewegte meine steifen Hüftgelenke so gut es ging zum Takt der antreibenden Musik. Und ich kann sagen, ich sah optisch wie bewegungstechnisch nicht gut aus. Dennoch, so glaube ich, hätten in diesem Moment viele der anwesenden Frauen gerne mit meiner Tanzpartnerin getauscht, denn in den zwei Räumen waren David und ich, weil mit europäischer Staatenzugehörigkeit gesegnet, heute die Nummer eins. Je länger uns, bei unserem ungeschickten Tun, zugesehen wurde, umso sicherer fühlte ich mich tänzerisch, sah freilich nicht viel besser aus. Spaß aber hatten an diesem Abend dennoch alle. Wir, weil wir versuchten wie die Kubaner zu tanzen, unsere Begleiterinnen, weil wir sie auserkoren hatten und nicht die viel jüngeren Frauen des Raumes, denn unsere Gesellschafterinnen gehörten mit ihren über vierzig Lebensjahren nicht mehr zum Beuteschema des gemeinen Tourismus Europäikus Sexualus, und natürlich diejenigen die uns beim Hopsen zusahen. Schließlich schauen wir doch alle gern Tänzern zu, die sich sichtbar bemühen, aber dennoch tanzen als hätten sie ein körperliches Leiden oder einen Stock verschluckt. Viel lieber als denen, die sich auf dem Tanzboden wie die Götter bewegen. Die machen einen doch nur depressiv.

Der Tote im Hof

Am späten Abend tags darauf hörten wir, gelangweilt und spazieren gehend, wie so oft Musik in der Ferne. Der Fakt allein ließ uns nicht stutzen, sondern die Qualität des Gesanges. Nicht allzu laut, aber live. Uns zog es zu den Klängen. Rechts eine alte Backsteinmauer. An ihr wurde seit Jahren nichts gemacht. Doch gerade das ließ sie so eindrucksvoll erscheinen und wohltuend hob sie sich von den übrigen, mit viel Farbe aufgehübschten Gebäuden ab. Ausgebrochene Steine, fehlender Fugenmörtel und Teile eines weggebrochenen Vorsprunges geben ihr Charakter, Charme und hoffentlich auch die Anerkennung der Menschen, die sie verdient. In Deutschland hätten wir jetzt die wunderbar auf alt getrimmte Facharbeit bewundert. Hier wussten wir, das Alter ist echt. Drei gewölbte Fensterlichten, ohne Glas und mit Efeu bewachsen, aber für die Blicke der Vorübergehenden durchlässig, rundeten das Bild ab.

Im Innenhof, der gut einsehbar war, stand auf einer winzigen Bühne eine voluminöse schwarze Frau. Sie hatte sich in ein blaues mit Pailletten besetztes Kleid gezwängt und sang. Ihr Alter schätzte ich auf dreißig Jahre. Die Band, die aus einem Gitarristen, einem Bassisten und zwei Rasselmusikern bestand, war um sie herum positioniert und wurde von einem Scheinwerfer, der die Gruppe abwechselnd in rotes, blaues und gelbes Licht tauchte, angestrahlt. Die anderen Musiker waren ebenfalls schwarz. Alle in verschiedenen Nuancen. Jüngste von allen, war die Sängerin. Das Alter der restlichen Gruppenmitglieder schätzte ich auf ca. siebzig. Der Platz misst, über den Daumen gepeilt, zwanzig Meter in der Breite und nur unwesentlich mehr in der Länge. Alles an diesem Hof ist stimmig. Die Bauweise der ihn umgebenden Gebäude, die alten Stühle auf denen wir saßen, selbst das Zwielicht, passte in´s Konzept. Durch eine der Fensteröffnungen schimmerte, blutrot, die vom Firmament verschwindende Sonne. Wir fühlten uns hundert Jahre zurückversetzt, und eingefangen in ein traumhaftes Ambiente, lauschten wir der mitreißenden Musik. Knapp neunzig

Besucher des Konzertes wippten mit den Hüften, klatschten in ihre Hände und einige sangen sogar mit. Nur einer tat nichts von alledem. Ein etwa siebzig Lenze zählender, und mit einem schicken cremefarbenen Anzug gekleideter Mann saß genau vor mir und, das glaubte ich jetzt nicht, er schlief tief und fest. Das verstehe wer will, ich begriff es nicht. „Er wird doch nicht tot sein?", flüsterte ich David, der neben mir saß, in´s Ohr. „Vielleicht haben ihn die zwei jungen Männer, die uns vorhin ihre Sitzplätze anboten, erstochen", gab er zurück. „Ich wollte gleich hinten stehen bleiben."

Hätte ich doch nur auf David gehört. In die Runde blickend suchte ich die zwei, doch fand sie nicht. So ein Mist, sie waren weg. Hinter uns tanzten die Menschen und vor uns starben sie. Die dicken Goldketten und nicht abgesetzten Sonnenbrillen hätten uns stutzig machen sollen, kubanische Mafia - eindeutig. Meine Aufmerksamkeit haftete an dem vermeintlich Toten. Ich könnte ja mal rütteln, aber als Ausländer mit einem Mord in Verbindung gebracht zu werden, hielt ich für unklug. Wären wir doch nur hinten stehen geblieben. Zu allem Unglück drohte er jetzt auch noch, seitlich vom Stuhl zu kippen. Ich entschied mich dann doch für´s Rütteln, denn lebte er noch und bräuchte einen Arzt würden wir wegen unterlassener Hilfeleistung einsitzen. Zu Beginn unseres Urlaubs hätte man darüber nachdenken können, denn ein paar Tage im kubanischen Knast, das hat nicht jeder, aber Übermorgen mussten wir pünktlich unseren Flieger erreichen und das war uns dann doch ein bisschen heikel. Also machte ich mich an der Leiche zu schaffen. Der Körper war noch warm. Mit aller Kraft kniff ich meinen Vordermann, während ich ihn wieder hochzuschieben versuchte, in seinen Oberarm. Er rührte sich nicht. Kein Zweifel er war tot. Nein, doch nicht. Ich musste an den Ausspruch von Galileo Galilei denken: „Und sie ‚also er, bewegt sich doch.", denn mein Vordermann drehte gerade den Kopf nach hinten. Ich war froh, er lebte. Doch meine Begeisterung währte nur kurz, weil er, durch den Schmerz geweckt, wie wild um sich schlug. Der Anzugträger, edel gekleidet und sturzbesoffen, schlug, wie bereits gesagt, um sich und setzte sich wieder schlafen. Dem Himmel sei Dank. Er lebt und schläft wieder wie ein Toter. Bei ihm machte die Redewendung echt Sinn. Nach wenigen

Minuten allerdings, kippte der Schlafende erneut langsam aber stet nach rechts. Ein weiteres Mal, und diesmal überaus sanft, versuchte ich ihn wieder in eine gerade Sitzposition zu schieben. Erneut ein wildes Fuchteln, begleitet von einem Wortschwall, das mir galt. Hilflos schauten wir uns um. Bluesmusik vom Feinsten und ich war nur damit beschäftigt einen alten Haudegen hin und her zu schieben. Durch den Eingang kam ein etwa sechzigjähriger Europäer mit einer, nicht viel älter als Zwanzigjährigen Einheimischen, im Arm. David schaute mich an und wir dachten beide an das Gleiche. Wenige Minute später saßen die Neuankömmlinge auf unseren Stühlen und wir wollten die Veranstaltung verlassen. Als wir an den beiden Sonnenbebrillten vorübergingen, die uns vorhin ihren Platz anboten schob einer seine dunklen Gläser nach oben und blinzelten mir zu. Mit Sicherheit hatten sie sich über mich köstlich amüsiert. Schmunzelnd stellten wir uns neben die beiden Spaßvögel und acht Augenpaare beobachteten heiter, wie ein cremefarbener Anzug sanft zur rechten Seite glitt.

Zutritt nur für Touristen

Eine Stunde ließen wir uns toll unterhalten, gingen aber vor Abschluss des Konzertes, weil wir ja den Abend ruhig ausklingen lassen wollten, in Richtung unserer Heimstatt. Vorbei an einer mit Jugendlichen vollgestopften Kirche, dort wurde gesungen, gebetet und getanzt.

An einer Wohnung in der seltsame Riten durchgeführt wurden, blieben wir stehen. Ebenfalls Musik, Tanz und Gebete. Neugierig stellten wir uns in den Eingang. Fenster sowie Türen, hier meist geöffnet und zwar so, dass die Zimmer einsehbar waren, ließen das gut zu. Alle im Raum waren, ob jung, alt, Kind, Frau oder Mann, in weißer Gewandung.

Kleider, Blusen, Röcke, kunstvoll gewickelte Tücher auf ihren Köpfen, ja selbst die Schuhe, egal ob Plastik, Leinen oder Leder waren weiß. Ein freundlich dreinblickender älterer Herr bat uns hinein und Platz zu nehmen. An zwei Seiten des etwa dreißig Quadratmeter großen Raumes standen dunkelbraune Holzstühle. Die Wand der Straßenfront, Tür und Fenster befanden sich nebeneinander, war wie die beiden angrenzenden Wände, weiß angestrichen. Die gegenüberliegende hatte man, ebenso wie die Stühle, braun mit einer genauso braunen Tür, die offensichtlich zu den hinteren Räumen des Hauses führte, getüncht. Das hier war ein, offensichtlich, zu einem rituellen Ort umgestaltetes, Wohnzimmer und die Veranstaltung der wir beiwohnten vieleicht eine Art Gottesdienst. In der braunweißen Ecke stand ein kleiner Hausaltar. Marienfigur, kein Kreuz. Ich hatte in irgendeiner Zeitschrift einmal gelesen, dass Sklaven, die ja größtenteils aus Afrika stammten, sich nicht mehr ihrer Religion widmen durften, sondern zum Christentum konvertieren mussten, was sie, um den Schein zu waren, auch taten. Heimlich jedoch beteten die Sklaven weiterhin ihre Götter an. Lange blieben wir nicht sitzen, bedankten uns, gingen weiter und wollten irgendwo in einer Bar in aller Ruhe einen Absacker trinken. Eine solche hatten wir dann auch schnell gefunden und unter freiem Himmel, wo wir sehr gut saßen, Platz genommen – ein kubanischer Biergarten. Ich blickte auf einen wenig eindrucksvollen Platz und David auf, genauso unspektakulär, mich. Das Beeindruckende an diesem Ort: er war menschenleer. Am Nachbartisch saß nur ein holländisches Pärchen. Die Verliebten zeigten durch lautes Lachen an, dass sie ordentlich Spaß oder Rum hatten. Wir hingegen, hatten weder das eine noch das andere, wollten einfach nur unsere Ruhe haben und gingen.

Unter einem Baum am Rande des Platzes, an eine Metallsäule geschraubt, lasen wir auf einem Schild, dass der Zutritt hier nur für Touristen gestattet sei. Wir bogen uns vor Lachen. Welcher Urlauber fühlt sich denn hier wohl? Höchstwahrscheinlich die Anordnung eines übereifrigen Tourismusexperten. Wer will denn in Kuba schon Kubaner treffen?

Zum Glück waren wir wieder unterwegs und befanden uns, nur kurze Zeit später, in folgender Szene: Zwei, als Damen verkleidete, Bestien gingen mit unglaublichem Krawall fürchterlich laut aufeinander los und schlugen sich gegenseitig mit ihren Handtaschen auf den Stufen unseres Hauseinganges. Der Grund der Auseinandersetzung erschloss sich uns nicht. Wir setzten uns im Schatten des Hauses der gegenüberliegenden Straßenseite auf die Bordsteinkante, um nicht bemerkt zu werden, nahmen eine halbvolle Flasche Cola und eine Halbleere Flasche des Fusels aus der Tasche, die uns der junge Bursche einige Tage zuvor angedreht hatte, mischten beides und schauten den Frauen interessiert zu. Sie brauchten auch nur wenige Minuten, bis sie durch ihr Gekeife einen Polizisten anlockten. „Schau an." sagte David, den Blick, um nichts Wichtiges zu versäumen, fest auf die Xanthippen gerichtet, „Sollte uns hier etwas zustoßen, müssten wir nur schreien wie am Spieß und augenblicklich könnten wir auf starke, oder zumindest schnell eintreffende Beschützer hoffen. Doch irgendwie ließ der Polizeibeamte nicht so richtig erkennen, ob er einzugreifen gedachte, oder sich lieber in Zurückhaltung üben wolle. Sagen wir mal, er versuchte, die zwei auseinander zu bringen. Ohne viel Aufhebens zu machen, stellte er sich wieder und wieder zwischen die beiden Streithühner und versuchte somit, durch die örtliche Trennung, den Disput zu beenden. Ich bewunderte die stoische Ruhe, mit welcher der Gesetzeshüter versuchte, seinen Job zu erledigen. Wieder und wieder schob er, kräftig mit beiden Händen drückend, eine der beiden ein Stück zurück und immer wenn er das tat, bekam die andere Kontrahentin Oberwasser. Die schlug dann ihrerseits wie wild nach der Zurückgehaltenen. Selbst der Polizist musste fehlgegangene Hiebe einstecken. Das Geschrei wurde lauter und lauter und ich fragte David, wann dem Uniformierten wohl der Kragen platzen würde und er zum Gummiknüppel griff. Er nahm die eben angesetzte Flasche nicht von den Lippen, zuckte mit den Schultern und grummelte etwas Unverständliches. Jetzt aber schien es dem Ordnungshüter zu reichen. Wütend aber hilflos griff er zum Knüppel. Sollten wir wirklich, an unserem letzten Abend eine Prügelattacke der Polizei erleben? Zwar werden gleich nur zänkische Frauen geschlagen, aber unter meinem Urlaubsfoto wird stehen: „Polizei verprügelt Dissidenten." Doch was tat er denn jetzt? Er holte sein Telefon aus der Hosentasche. „Schau an." dachte ich „Der geht kein Risiko ein." Nicht, dass am Ende noch andere Passanten eingreifen und den streitenden Weibern zu Hilfe kommen. Gleich würde hier ein Überfallkommando anrücken. Dann sehen wir wie „Oppositionelle" an Händen und Füßen gefesselt, auf die Ladefläche eines LKW geworfen werden. Doch nichts dergleichen geschah. Aus einer Nebenstraße schlenderte, lachend, ein weiterer Polizist heran. Er amüsierte sich gerade köstlich über die Unfähigkeit seines Kollegen, mit der misslichen Lage fertig zu werden. Schadenfroh und überrascht, welche enormen Kräfte wütende Frauen in der Lage sind aufzubringen, eine der beiden hatte ihm mittlerweile mit ihrem Schuh, den sie in der Hand hielt und als Waffe benutzte, sein Schiffchen vom Kopf geschlagen, griff er in's Geschehen ein. Doch recht schnell erkannte auch er, dass hier wohl ein weiterer Ordnungshüter von Nöten sei, denn auch er griff zum Telefon. Sein Kollege kam dann auch relativ zügig und um es kurz zu machen, zu dritt brachten sie dann, geraume Zeit später, die beiden auseinander. Die um sich tretenden, mit Schuhen werfenden Streithennen wurden von den Polizisten in unterschiedliche Richtungen gezerrt. Obwohl die Protagonisten dieses Schauspiels schon lange nicht mehr zu sehen waren, trug die Nacht ihre Flüche noch eine ganze Weile zu uns herüber. Dann kehrte Ruhe ein. Wir erhoben uns und ich bückte mich, einige Schritte weiter, um eine der geworfenen Stiefeletten aufzuheben und auf die Fensterbank zu stellen. „Bist du verrückt?" fragte mich David. „Stell dir vor, ihre Besitzerin kommt zurück und sieht dich mit dem Schuh, dann gnade dir Gott." Belustigt, zwinkerte er mir zu und obwohl der Abend doch so ganz anders als geplant verlief, gingen wir schmunzelnd die Stufen zum Hauseingang hoch.

Ein sanftes Ausklingen

Den folgenden Abend war ich allein unterwegs, weil David von der Polizei nach Hause geschickt wurde. Er ging mit freiem Oberkörper durch die Stadt, da er sich einen derart schlimmen Sonnenbrand eingefangen hatte, dass selbst das T-Shirt auf der Haut schmerzte. Ein Polizist stellte ihn dann vor die Wahl, seinen mit einem Hemd bedeckter Oberkörper hier oder halbnackt den Abend zu Hause zu verbringen. David entschied sich für´s letztere. Aber wie zu erwarten war ich nicht lange allein. Vier neue lustige Freunde vertrieben mir die Zeit. Sie wollten mich zu sich nach Hause einladen, um dort mit mir weiterfeiern zu können. Ich ging mit, kaufte unterwegs, noch an irgendeiner Bar, billigen Fusel, der wird vom Barmann in eine leere, mitgebrachte Flasche abgefüllt, und freute mich auf die bevorstehende Feier. Das Leergut hatte einer meiner neuen Freunde in kluger Voraussicht mitgebracht. Einer der Jungs, er trug ein leuchtend gelbes brasilianisches Basketballshirt und eine himmelblaue Jogginghose, hatte seinen Arm freundschaftlich um meine Schulter gelegt. Noch waren genügend Menschen auf der Straße und sollten es weniger werden, würde ich schreien und sollte das nicht ausreichen, um mein Leben rennen. Irgendwo habe ich mal gelesen, wenn man überfallen wird sollte man nicht nach Hilfe, sondern Feuer rufen. Da schauen mehr Leute. Ob so etwas weltweit zählt oder regional begrenzt ist?

Doch schon fanden wir uns vor einem Haus, das die Tür und seine drei Fenster weit geöffnet hatte, wieder. Es standen ca. zehn Jugendliche davor und schauten, rauchend, auf die etwa zwanzig Frauen und Männer im Wohnzimmer. Nach kurzer Begrüßung meiner Begleiter klopften mir einige, der nun auf mich Schauenden, auf die Schulter. Wahrscheinlich haben ihnen meine Begleiter gesagt, ich hätte Schnaps mitgebracht. Sie nahmen mich in ihre Mitte und den brechend vollen Raum. Hier wurde, bei uns würde man sagen, gefetet. Alle waren relativ gutmütige Zeitgenossen und sehr lustig.

Wird man von Kubanern ins Herz geschlossen und nach Hause eingeladen, fallen schnell Relikte aus einer anderen Zeit auf. Ehemalige russische Einheitsprodukte wie zum Beispiel der Lada oder amerikanische Markennamen wirken in dem wohligen Leben aus Tradition, Melancholie und Kolonialstil wie Geister aus einer anderen Welt.

Aufgrund der allgemeinen schwierigen Lage im alltäglichen Leben ist eine unglaubliche Gemeinschaft entstanden. Eine ausgewogene Versorgung mit dem Nötigsten ist bei dem vorherrschenden Mangel ohnehin nur in Gruppen und mit Hilfe von Bekannten, Nachbarn, Familienmitgliedern und Urlaubern möglich. Schon deshalb stört es niemanden, wenn Kinder schreien, Jugendliche toben und Erwachsene begeistert singen, oder die Musik über Häuserblöcke hinweg ohrenbetäubend laut ist. Vieleicht brauch man morgen schon die Hilfe desjenigen, den man heute noch zum Teufel schicken mag. Weltweiter Friede durch Mangel. Einen Versuch wär's doch wert. Nach geraumer Zeit stellten sich die Vier neben mich und fragten, ob wir nicht die leere Flasche noch mal nachfüllen könnten. Ich holte mein, ich nenn das jetzt einfach mal Du-kannst-gestohlen-werden-Portemonnaie aus meiner Hosentasche. Das war eine nicht allzu große Geldbörse, die ich, gut sichtbar für jeden Dieb, in meiner Gesäßtasche, nur mit etwas Klimpergeld aufgefüllt, bei mir führte. Eine tolle Idee von David. Diese, also, zeigte ich meinen Freunden und ihre eben noch lustige Miene verdüsterte sich. Einer der Vier, er hieß Rafael, wie der Erzengel, fragte ob ich nach Hause gehen könnte um Geld für neues Feuerwasser zu holen. Das fand ich wirklich lustig, denn er nannte es genau so, Aqua de fuego. Sicher wollte er mir die, was viele in den letzten Wochen nicht taten, Übersetzung erleichtern. Ein wirklich netter Mensch. Ich stimmte zu, ging nach Hause und legte mich, ohne schlechtes Gewissen, gelogen zu haben, in mein Bett. Eine Flasche Schnaps als Bezahlung fand ich angemessen, aber den ganzen Trupp aushalten zu müssen hielt ich für reichlich überspitzt.

Am kommenden Tag packten wir unsere Sachen, frühstückten und verabschiedeten uns von unseren letzten Herbergswirten. Vor zwei Tagen nahmen wir, als wir wieder zu Fuß unterwegs waren, ein Taxi, weil uns der Fahrer nett ansprach und wir sehr erschöpft waren. Heute sollte uns genau dieser Fahrer mit seinem, gefühlt hundert Jahre alten, Lada zum Flughafen bringen. Wir warteten vor der Haustür auf ihn und hatten, weil wir jede Menge Karenz einplanten, genügend Zeit. Ein letzter Blick auf die Baustelle gegenüber. Die Bauarbeiter und Handlanger welche gerade dabei waren auf einem Schutthaufen liegende Steine abzuklopfen, den Sand auszusieben und auf dem Asphalt Mörtel mit einer Schaufel anzurühren sahen nicht, dass wir sie beobachteten. Einer der Männer, sicher der Polier, sagte etwas zu einem der Arbeiter, worauf dieser ihm seine Schaufel vor die Füße schleuderte, den Brigadier anschrie und sich schimpfend von der Baustelle entfernte. Sein Urlaubsquartier, wenn man in Kuba unterwegs ist, gegenüber einer Baustelle zu beziehen kann ich nur empfehlen. Das ist besser als fernsehen.

David trank den letzten Schluck Wasser aus seiner Flasche. Das Trinkwasser sollten wir aus einem Behälter nehmen, in den unsere Vermieterin jeden Tag eine Tablette, die höchstwahrscheinlich die Bakterien abtöten sollte, versenkte. David wollte ihr aber nicht das gute Wasser wegtrinken.

Ist halt sparsam, der David.

Wir ließen die letzten Tage revuepassieren. Ein Urlaub, der nicht so schnell zu toppen sein wird. Besser geht´s eigentlich nicht. Sollte man nicht, genau wie der Spitzensportler, aufhören, wenn der Zenit erreicht worden ist? Das aber hieße, nie wieder in die Ferien zu fahren. Würde ich das wollen? Ich lass die Frage vorerst offen.

Doch da kam auch schon unser bestelltes Taxi. Auf die Minute genau. Also räume ich hier am Ende unserer Reise mal mit zwei Klischees auf. Erstens, nicht alle Kubaner sind unpünktlich und das Portemonnaie, welches für Diebe bestimmt war, nahm David auch wieder mit nach Hause. Gerne hätte ich hier noch geschrieben, dass wir all die vielen Getränke bedenkenlos und ohne Folgen für unsere Gesundheit vertragen hatten, aber David hatte keine Freude am Rückflug. Er hätte halt doch das Wasser aus dem Behälter, den unsere Herbergswirtin extra für uns keimfrei gemacht hat trinken sollen, aber er überlebte. Genau wie ich auch, obwohl mich die finstere Prophezeiung von „Che" bis zur Landung in Leipzig verfolgte.